Impressum
Verlag: BABADADA GmbH, Nedderfeld 112 , 22529 Hamburg
Geschäftsführer / Verlagsleitung: Harald Hof
Druck: Books on Demand GmbH, In de Tarpen 42, 22848 Norderstedt

Imprint
Publisher: BABADADA GmbH, Nedderfeld 112 , 22529 Hamburg, Germany
Managing Director / Publishing direction: Harald Hof
Print: Books on Demand GmbH, In de Tarpen 42, 22848 Norderstedt

1

School
σχολείο

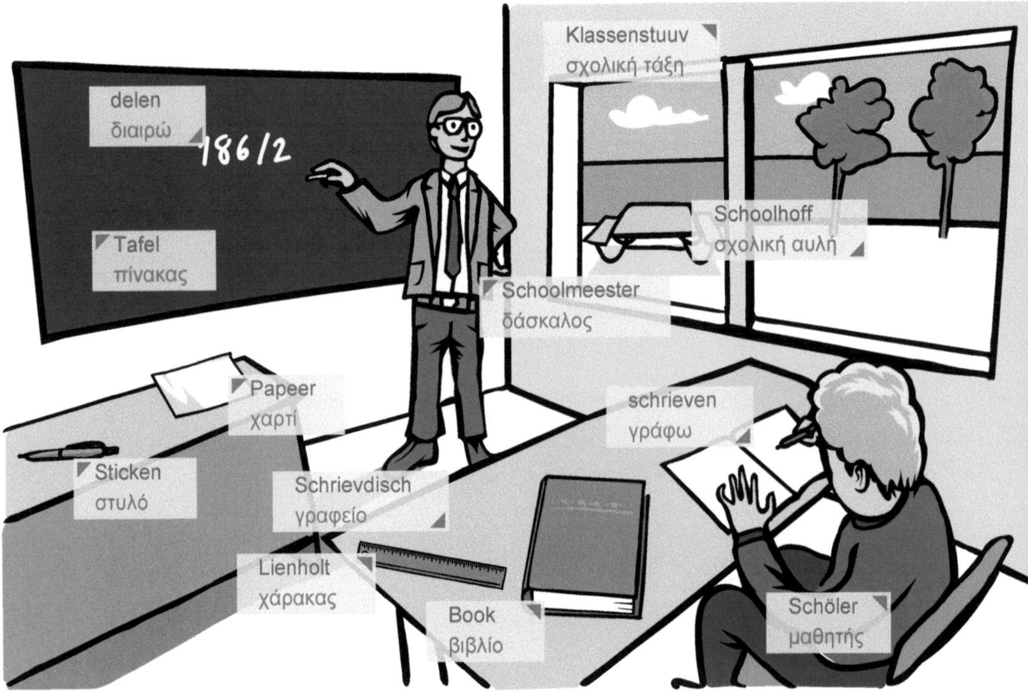
Klassenstuuv
σχολική τάξη
delen
διαιρώ
186/2
Tafel
πίνακας
Schoolhoff
σχολική αυλή
Schoolmeester
δάσκαλος
Papeer
χαρτί
schrieven
γράφω
Sticken
στυλό
Schrievdisch
γραφείο
Lienholt
χάρακας
Book
βιβλίο
Schöler
μαθητής

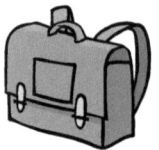

Ranzel
σχολική τσάντα

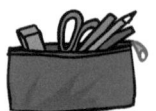

Feddermapp
κασετίνα/ μολυβοθήκη

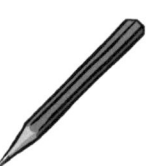

Bleesticken
μολύβι

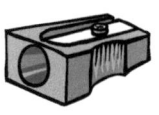

Scharpmaker
ξύστρα

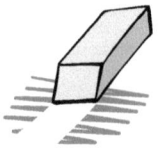

Radeergummi
γόμα

Tekenblock
μπλοκ ζωγραφικής

Teken

ζωγραφική

Pinsel

πινέλο

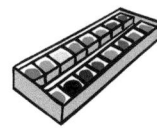

Malkassen

κουτί χρωμάτων

Scheer

ψαλίδι

Klever

κόλλα

Heft to'n Öven

τετράδιο ασκήσεων

Huusopgaav

εργασία για το σπίτι

Tall

αριθμός

tohooptellen

προσθέτω

aftrecken

αφαιρώ

malnehmen

πολλαπλασιάζω

reken

υπολογίζω

Bookstaav

γράμμα

ABC

αλφάβητο

Woort

λέξη

Text

κείμενο

lesen

διαβάζω

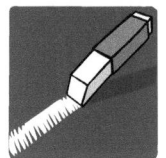

Kried

κιμωλία

Stunn

μάθημα

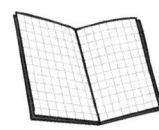

Klassenbook

εγγράφομαι

Pröven

τεστ

Tüügnis

πιστοποιητικό

Schooluniform

μαθητική στολή

Utbillen

εκπαίδευση

Nakieksel

εγκυκλοπαίδεια

Universität

πανεπιστήμιο

Mikroskop

μικροσκόπιο

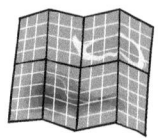

Koort

χάρτης

Papeerkorf

καλάθι αχρήστων

Törn
ταξίδι

Hotel
ξενοδοχείο
Grand
Harbarg
ξενώνας
ROOMS
Wesselstuuv
ανταλλακτήρια συναλλάγματος
CHANGE
Kuffer
βαλίτσα
Auto
αυτοκίνητο

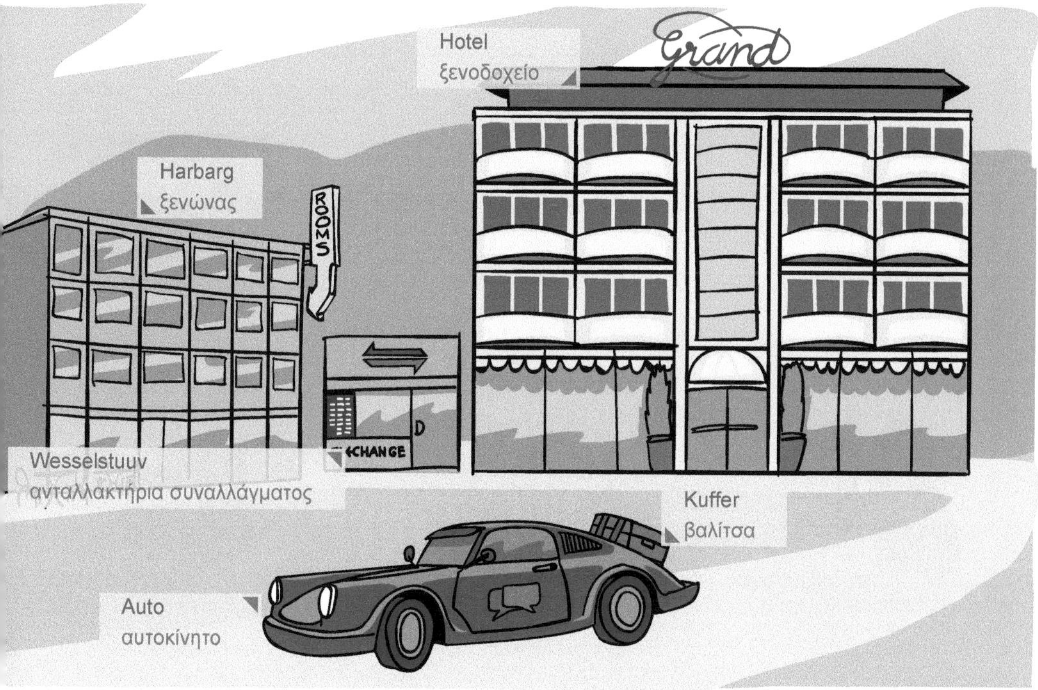

Spraak

γλώσσα

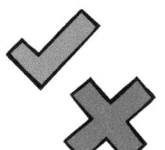

jo / ne

ναι / όχι

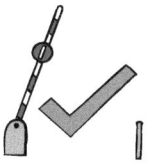

Jo

εντάξει

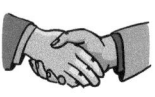

Moin

γεια σου

Översetter

μεταφραστής

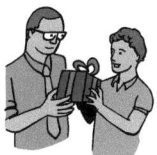

Dank ok

Ευχαριστώ

Wat kost…?

πόσο κάνει ;

Ik verstah nich

Δε καταλαβαίνω

Problem

πρόβλημα

Goden Avend

Καλησπέρα!

Moin!

Καλημέρα!

Gode Nacht!

Καληνύχτα!

Tschüüs

Αντίο

Richt

κατεύθυνση

Bagaasch

αποσκευές

Tasch

τσάντα

Rüchsack

σακίδιο πλάτης

Gast

καλεσμένος

Stuuv

δωμάτιο

Slaapsack

υπνόσακος

Telt

σκηνή

Touristeninformatschoon

τουριστικές πληροφορίες

Strand

παραλία

Kreditkoort

πιστωτική κάρτα

Fröhstück

πρωινό

Meddageten

μεσημεριανό

Avendeten

δείπνο

Fohrkort

εισιτήριο

Fohrstohl

ανελκυστήρας

Breefmark

γραμματόσημο

Grenz

σύνορα

Toll

τελωνείο

Bottschop

πρεσβεία

Visum

βίζα

Pass

διαβατήριο

Transport

μεταφορά

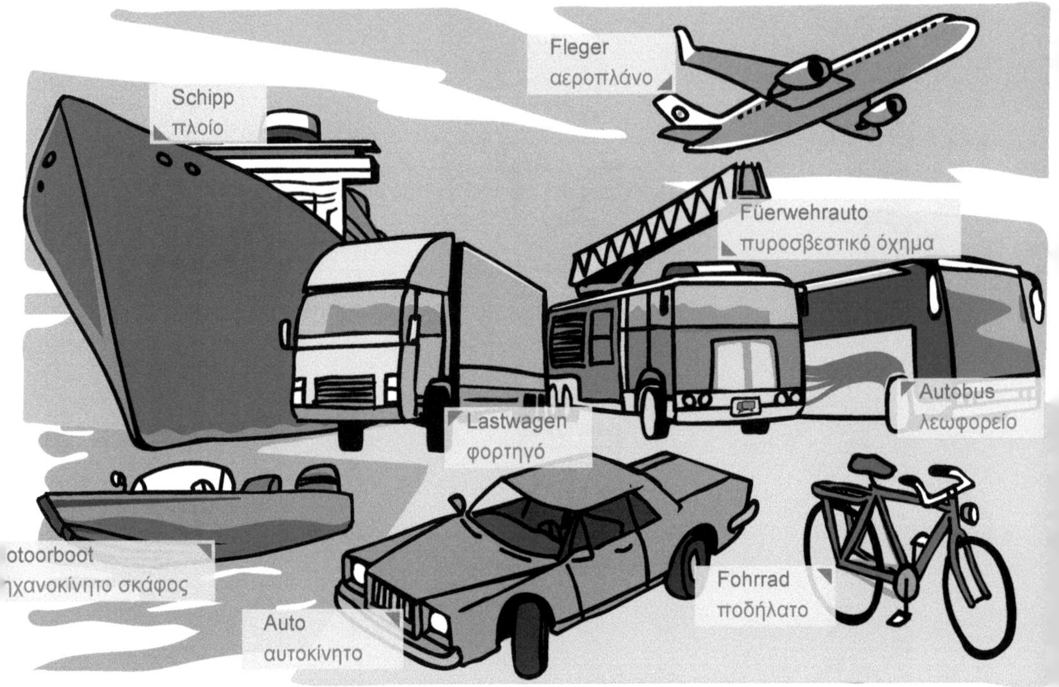

Fleger
αεροπλάνο
Schipp
πλοίο
Füerwehrauto
πυροσβεστικό όχημα
Autobus
λεωφορείο
Lastwagen
φορτηγό
otoorboot
ηχανοκίνητο σκάφος
Fohrrad
ποδήλατο
Auto
αυτοκίνητο

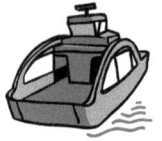

Fähr

φεριμπότ

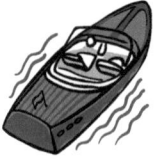

Boot

βάρκα

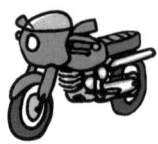

Motoorrad

μοτοσικλέτα

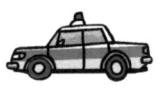

Polizeiauto

περιπολικό

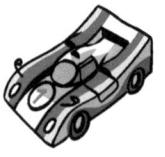

Rönnauto

αγωνιστικό αυτοκίνητο

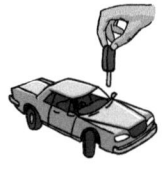

Lehnwagen

ενοικιαζόμενο αυτοκίνητο

Carsharing

διαμοιρασμός αυτοκινήτων

Afsleepwagen

γερανός

Müllauto

απορριμματοφόρο

Motoor

κινητήρας

Kraftstoff

καύσιμο

Tanksteed

βενζινάδικο

Verkehrsschild

πινακίδα σήμανσης

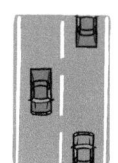

Verkehr

κυκλοφορία

Stau

κυκλοφοριακή συμφόρηση

Afstellplatz

χώρος στάθμευσης

Bahnhoff

σιδηροδρομικός σταθμός

Sporen

σιδηροδρομικές γραμμές

Tog

τρένο

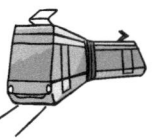

Stratenbahn

τραμ

Wagon

βαγόνι

Dwarsmöhl

ελικόπτερο

Flooghaven

αεροδρόμιο

Tower

πύργος

Fohrgast

επιβάτης

Grootkist

εμπορευματοκιβώτιο

Karton

χαρτοκιβώτιο

Koor

καρότσι

Korf

καλάθι

starten / lannen

απογειώνομαι /
προσγειόνομαι

Stadt

πόλη

Dörp

χωριό

Binnenstadt

κέντρο της πόλης

Huus

σπίτι

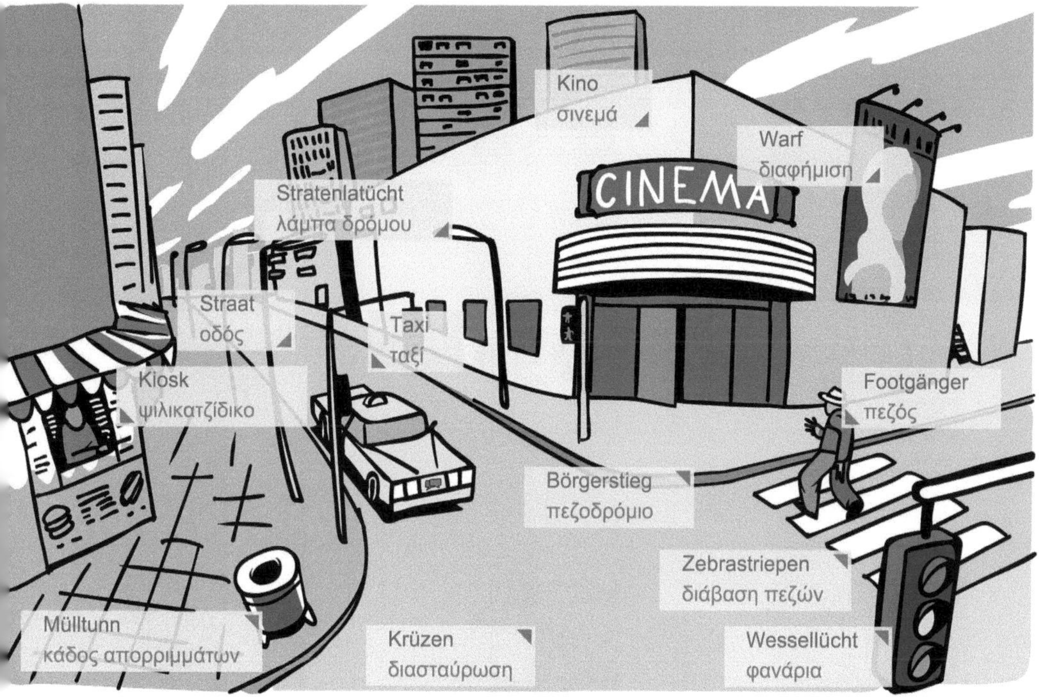

Kino
σινεμά
CINEMA
Warf
διαφήμιση
Stratenlatücht
λάμπα δρόμου
Straat
οδός
Taxi
ταξί
Kiosk
ψιλικατζίδικο
Footgänger
πεζός
Börgerstieg
πεζοδρόμιο
Zebrastriepen
διάβαση πεζών
Mülltunn
κάδος απορριμμάτων
Krüzen
διασταύρωση
Wessellücht
φανάρια

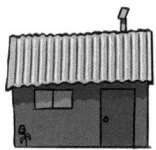

Hütt

καλύβα

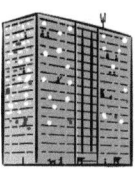

Wahnung

διαμέρισμα

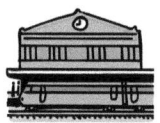

Bahnhoff

σιδηροδρομικός σταθμός

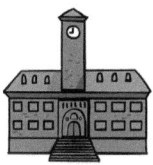

Raathuus

δημαρχείο

MUSEUM

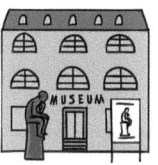

Museum

μουσείο

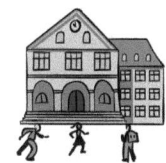

School

σχολείο

Universität

πανεπιστήμιο

Bank

τράπεζα

Krankenhuus

νοσοκομείο

Hotel

ξενοδοχείο

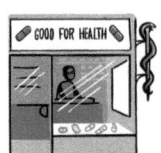

Afteek

φαρμακείο

Büro

γραφείο

Bookhökerie

βιβλιοπωλείο

Hökerie

κατάστημα

Blomenhökerie

ανθοπωλείο

Supermarkt

σούπερ μάρκετ

Markt

αγορά

Koophuus

πολυκατάστημα

Fischhökerie

ιχθυοπωλείο

Inkoopszentrum

εμπορικό κέντρο

Haven

λιμάνι

Parkanlaag

πάρκο

Bank

παγκάκι

Brüch

γέφυρα

Trepp

σκάλες

Ünnergrundbahn

μετρό

Tunnel

τούνελ

Busstoppsteed

στάση λεωφορείου

Bar

μπαρ

Spieslokal

εστιατόριο

Breefkassen

γραμματοκιβώτιο

Stratenschild

πινακίδα δρόμου

Parkklock

παρκόμετρο

Deertenpark

ζωολογικός κήπος

Baadanstalt

πισίνα

Moschee

τζαμί

Buernhoff
αγρόκτημα

Ümweltversmudden
ρύπανση

Karkhoff
νεκροταφείο

Kark
εκκλησία

Speelplatz
παιδική χαρά

Tempel
ναός

Landschop

τοπίο

Blatt
φύλλο

Wiespahl
πινακίδα κατεύθυνσης

Weg
δρόμος

Wisch
λιβάδι

Steen
πέτρα

Boom
δέντρο

Wannerer
πεζοπόρος

Fluss
ποτάμι

Gras
χορτάρι

Bloom
λουλούδι

Daal
κοιλάδα

Barg
λόφος

See
λίμνη

Holt
δάσος

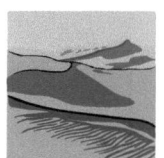

Wööst
έρημος

Füerspien Barg
ηφαίστειο

Slott
κάστρο

Regenbagen
ουράνιο τόξο

Poggenstohl
μανιτάρι

Palm
φοίνικας

Steekmück
κουνούπι

Fleeg
μύγα

Miegeemk
μυρμήγκι

Imm
μέλισσα

Spinn
αράχνη

Sebber

σκαθάρι

Pogg

βάτραχος

Katteker

σκίουρος

Swienegel

σκαντζόχοιρος

Haas

λαγός

Uul

κουκουβάγια

Vagel

πουλί

Swaan

κύκνος

Wildswien

αγριογούρουνο

Hirsch

ελάφι

Elk

άλκη

Staudamm

φράγμα

Windrad

ανεμογεννήτρια

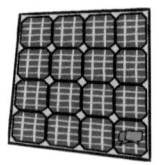

Solarmodul

ηλιακός συλλέκτης

Klima

κλίμα

Spieslokal
εστιατόριο

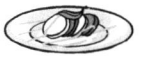

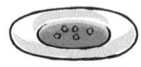

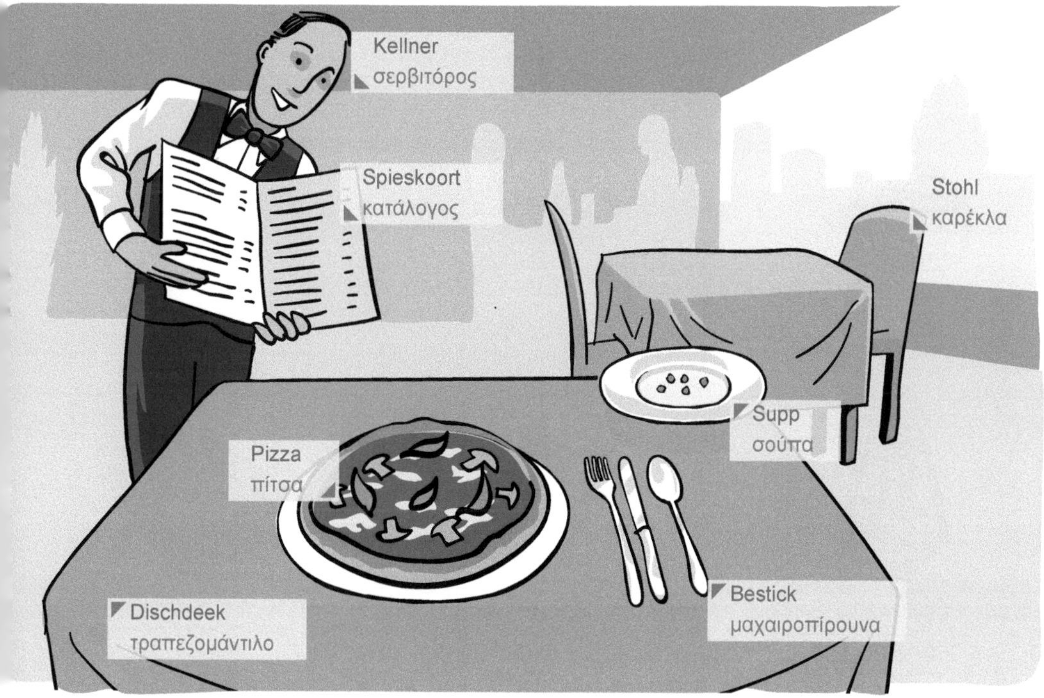
Kellner
σερβιτόρος
Spieskoort
κατάλογος
Stohl
καρέκλα
Supp
σούπα
Pizza
πίτσα
Bestick
μαχαιροπίρουνα
Dischdeek
τραπεζομάντιλο

Vörspies
ορεκτικό

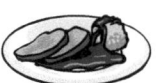

Haupteten
κύριο πιάτο

Nadisch
επιδόρπιο

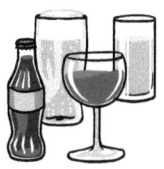

Drünk
ποτά

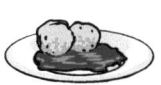

Eten
φαγητό

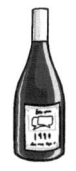

Buddel
μπουκάλι

Fastfood

φαστ φουντ

Strateneten

φαγητό στ' όρθιο

Teekann

τσαγιέρα

Zuckerdoos

δοχείο ζάχαρης

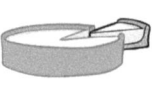

Portschoon

μερίδα

Espressomaschien

μηχανή εσπρέσο

Hoochstohl

ψηλή καρέκλα

Reken

λογαριασμός

Tablett

δίσκος

Mess

μαχαίρι

Gavel

πιρούνι

Lepel

κουτάλι

Teelepel

κουταλάκι του τσαγιού

Munddook

πετσέτα φαγητού

Glas

ποτήρι

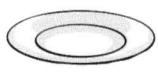

Töller

πιάτο

Suppentöller

πιάτο σούπας

Ünnertass

πιατάκι φλιτζανιού

Sooß

σάλτσα

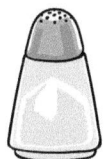

Soltstreuer

αλατιέρα

Pepermöhl

μύλος για πιπέρι

Etig

ξύδι

Ööl

λάδι

Krüder

μπαχαρικά

Ketchup

κέτσαπ

Mostrich

μουστάρδα

Mayonnaise

μαγιονέζα

Supermarkt

σούπερ μάρκετ

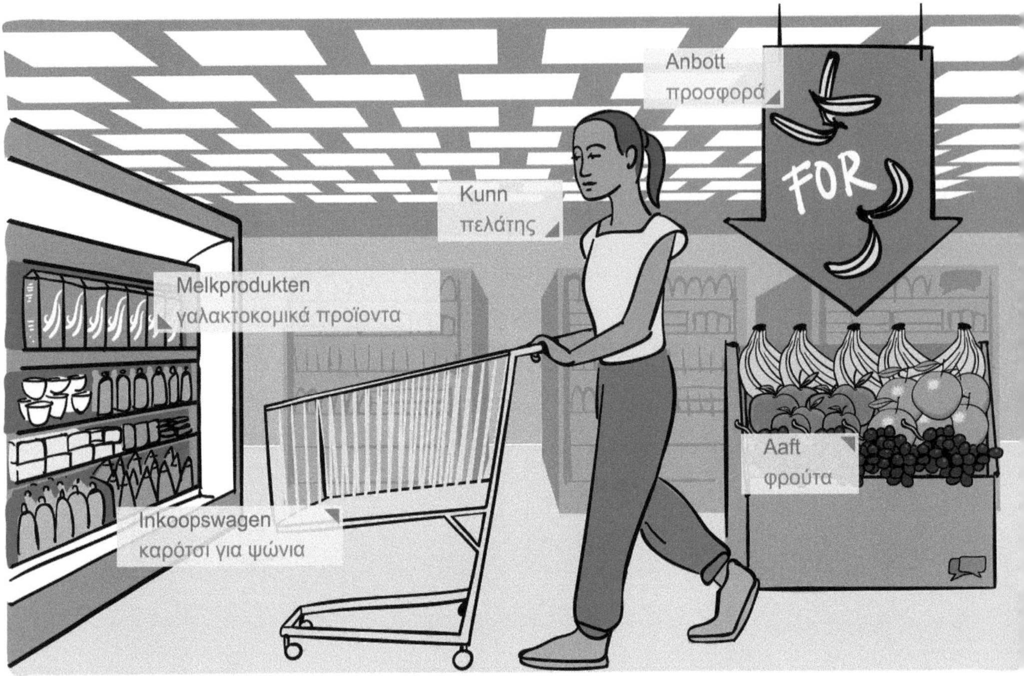

Anbott
προσφορά
FOR
Kunn
πελάτης
Melkprodukten
γαλακτοκομικά προϊόντα
Aaft
φρούτα
Inkoopswagen
καρότσι για ψώνια

BUTCHERS

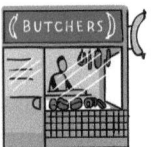

Slachterie

κρεοπωλείο

BAKERY

Bäckerie

φούρνος

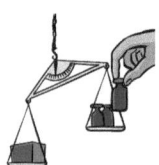

wegen

ζυγίζω

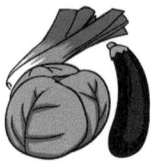

Gröönsaken

λαχανικά

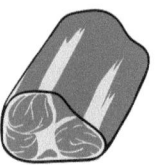

Fleesch

κρέας

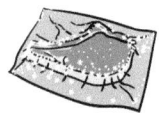

Deepköhlkost

κατεψυγμένα τρόφιμα

Opsnitt

αλλαντικά

Konserven

κονσερβοποιημένη τροφή

Waschmiddel

απορρυπαντικό ρούχων

Snoopkraam

γλυκά

Huushooltssaken

οικιακά είδη

Reinmaaktüüch

καθαριστικά προϊόντα

Verköpersche

πωλήτρια

Kass

ταμείο

Kasserer

ταμίας

Inkoopslist

λίστα για ψώνια

Opsparrtieden

ωράριο λειτουργίας

Breeftasch

πορτοφόλι

Kreditkoort

πιστωτική κάρτα

Tasch

τσάντα

Plastiktüüt

πλαστική σακούλα

Water

νερό

Saft

χυμός

Melk

γάλα

Cola

κόκα κόλα

Wien

κρασί

Beer

μπίρα

Spriet

αλκοόλ

Kakao

κακάο

Tee

τσάι

Koffie

καφές

Espresso

εσπρέσο

Cappucino

καπουτσίνο

Banaan

μπανάνα

Appel

μήλο

Appelsien

πορτοκάλι

Meloon

πεπόνι

Zitroon

λεμόνι

Wöttel

καρότο

Knuuvlook

σκόρδο

Bambus

μπαμπού

Zibbel

κρεμμύδι

Poggenstohl

μανιτάρι

Nööt

ξηροί καρποί

Nudeln

νουντλς

Spaghetti

μακαρόνια

Ries

ρύζι

Salat

σαλάτα

Pommes frites

πατατάκια

Braadkantüffeln

τηγανητές πατάτες

Pizza

πίτσα

Hamborger

χάμπουργκερ

Sandwich

σάντουιτς

Snitzel

κοτολέτα

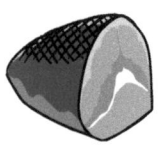

Schinken

ζαμπόν

Salami

σαλάμι

Wust

λουκάνικο

Hohn

κοτόπουλο

Braden

ψητό

Fisch

ψάρι

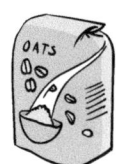

Haverflocken

χυλός βρώμης

Müsli

μούσλι

Cornflakes

κορν φλέικς

Mehl

αλεύρι

Croissant

κρουασάν

Rundstück

ψωμάκι

Broot

ψωμί

Toast

τοστ

Keksen

μπισκότα

Botter

βούτυρο

Quark

τυρόπηγμα

Koken

κέικ

Ei

αυγό

Spegelei

τηγανητό αυγό

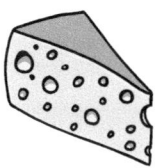

Kees

τυρί

Ies

παγωτό

Zucker

ζάχαρη

Honnig

μέλι

Marmelaad

μαρμελάδα

Nougat-Creme

άλλειμμα σοκολάτας

Curry

κάρυ

Buernhoff
αγρόκτημα

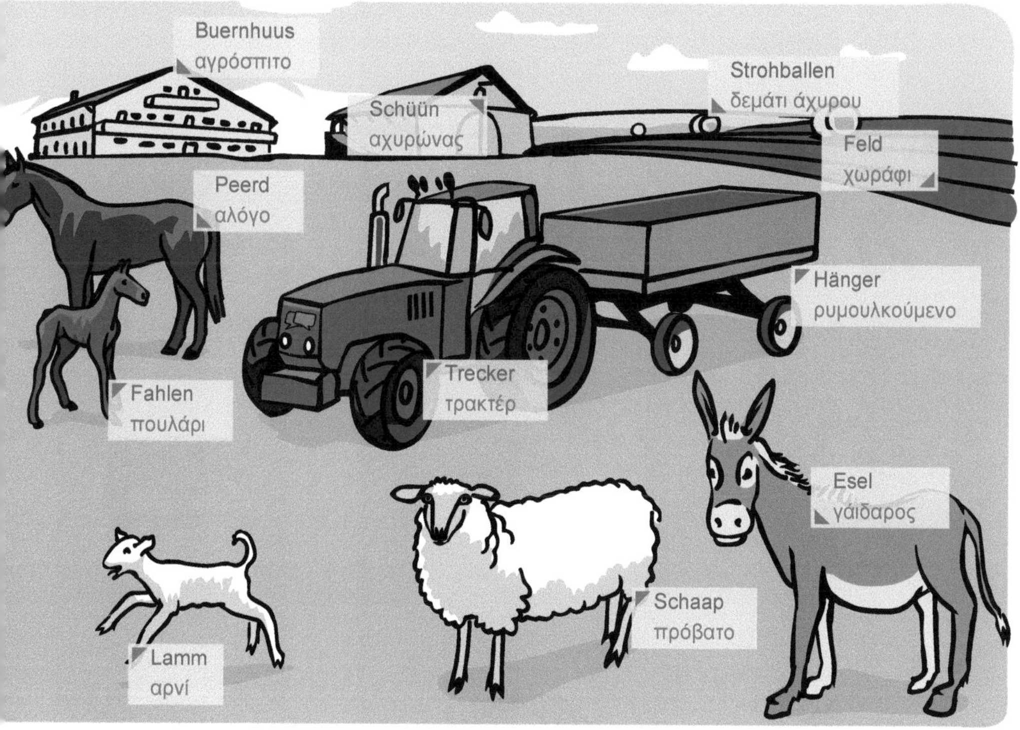
Buernhuus
αγρόσπιτο
Schüün
αχυρώνας
Strohballen
δεμάτι άχυρου
Feld
χωράφι
Peerd
αλόγο
Hänger
ρυμουλκούμενο
Trecker
τρακτέρ
Fahlen
πουλάρι
Esel
γάιδαρος
Schaap
πρόβατο
Lamm
αρνί

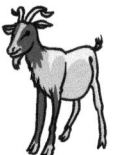

Zeeg
κατσίκα

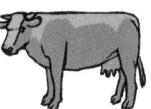

Koh
αγελάδα

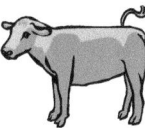

Kalf
μοσχαράκι

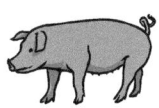

Swien
γουρούνι

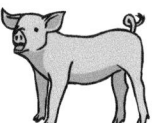

Farken
γουρουνάκι

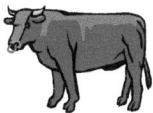

Bull
ταύρος

Goos

χήνα

Aant

πάπια

Küken

κοτοπουλάκι

Hohn

κότα

Hahn

κόκορας

Rott

αρουραίος

Katt

γάτα

Muus

ποντίκι

Oss

βόδι

Hund

σκύλος

Hunnenhütt

σπιτάκι σκύλου

Goornslauch

λάστιχο κήπου

Geetkann

ποτιστήρι

Lee

θεριστήρι

Ploog

αλέτρι

Sich

δρεπάνι

Hack

τσάπα

Mestfork

δίκρανο

Ext

τσεκούρι

Schuufkoor

χειράμαξα

Trog

ταΐστρα

Melkkann

δοχείο γάλακτος

Sack

σάκος

Tuun

φράχτης

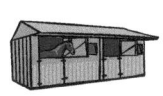

Stall

στάβλος

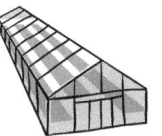

Drievhuus

θερμοκήπιο

Bodden

έδαφος

Saat

σπόρος

Dünger

λίπασμα

Meihdöscher

θεριζοαλωνιστική μηχανή

oornen

θερίζω

Oorn

συγκομιδή

Yamswöttel

γιαμς

Weten

σιτάρι

Soja

σόγια

Kantüffel

πατάτα

Törksche Weten

καλαμπόκι

Rapp

κράμβη

Aaftboom

οπωροφόρο δέντρο

Troopsch Kantüffel

μανιόκα

Koorn

δημητριακά

Huus

σπίτι

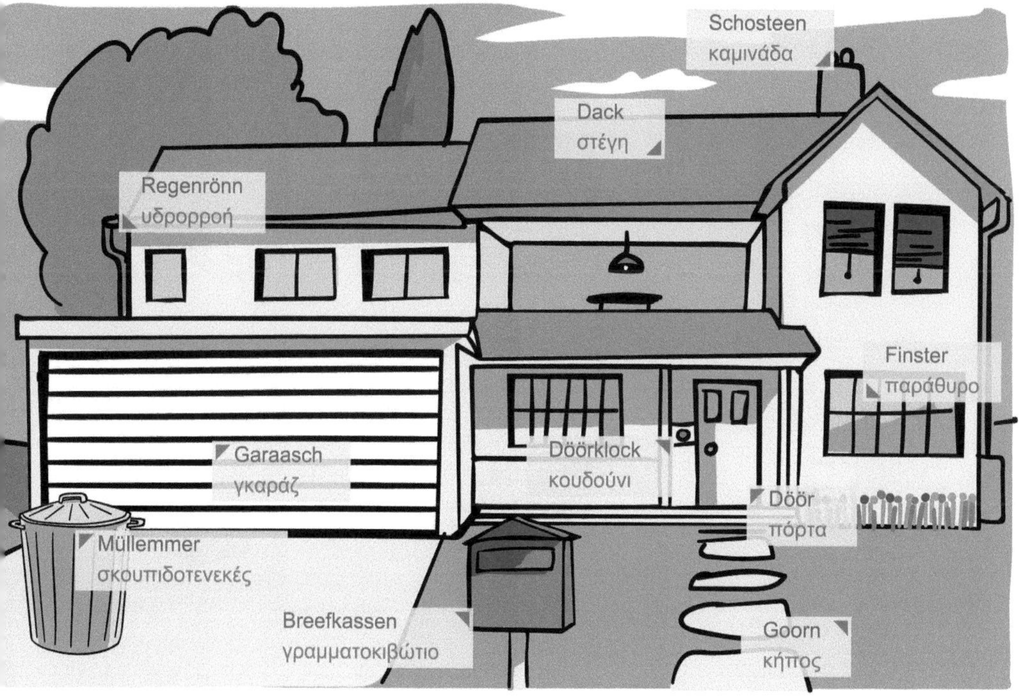

Schosteen
καμινάδα
Dack
στέγη
Regenrönn
υδρορροή
Finster
παράθυρο
Garaasch
γκαράζ
Döörklock
κουδούνι
Döör
πόρτα
Müllemmer
σκουπιδοτενεκές
Breefkassen
γραμματοκιβώτιο
Goorn
κήπος

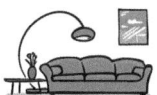

Wahnstuuv

σαλόνι

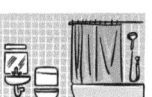

Baadstuuv

μπάνιο

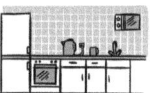

Köök

κουζίνα

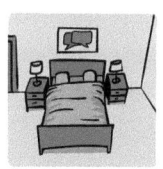

Slaapstuuv

υπνοδωμάτιο

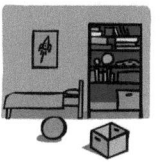

Kinnerstuuv

παιδικό δωμάτιο

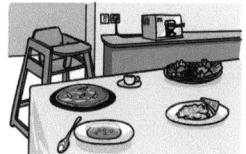

Eetstuuv

τραπεζαρία

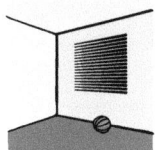

Footbodden
πάτωμα

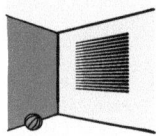

Wand
τοίχος

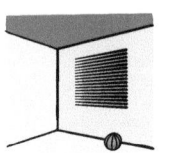

Deek
οροφή

Keller
κελάρι

Hittluftbad
σάουνα

Balkon
μπαλκόνι

Terrass
βεράντα

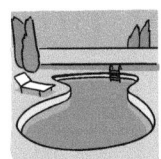

Swümmbad
πισίνα

Rasenmeiher
μηχανή του γκαζόν

Bettbetog
σεντόνι

Bettdeek
κάλυμμα κρεβατιού

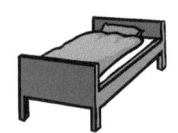

Puuch
κρεβάτι

Bessen
σκούπα

Emmer
κουβάς

Schalter
διακόπτης

Wahnstuuv

σαλόνι

Tapeet
ταπετσαρία
Bild
φωτογραφία
Lamp
λάμπα
Regal
ράφι
Schapp
ντουλάπι
Kiekkassen
τηλεόραση
Kamin
τζάκι
Bloom
λουλούδι
Küssen
μαξιλάρι
Sofa
καναπές
Vaas
βάζο
Feernbedenen
τηλεκοντρόλ

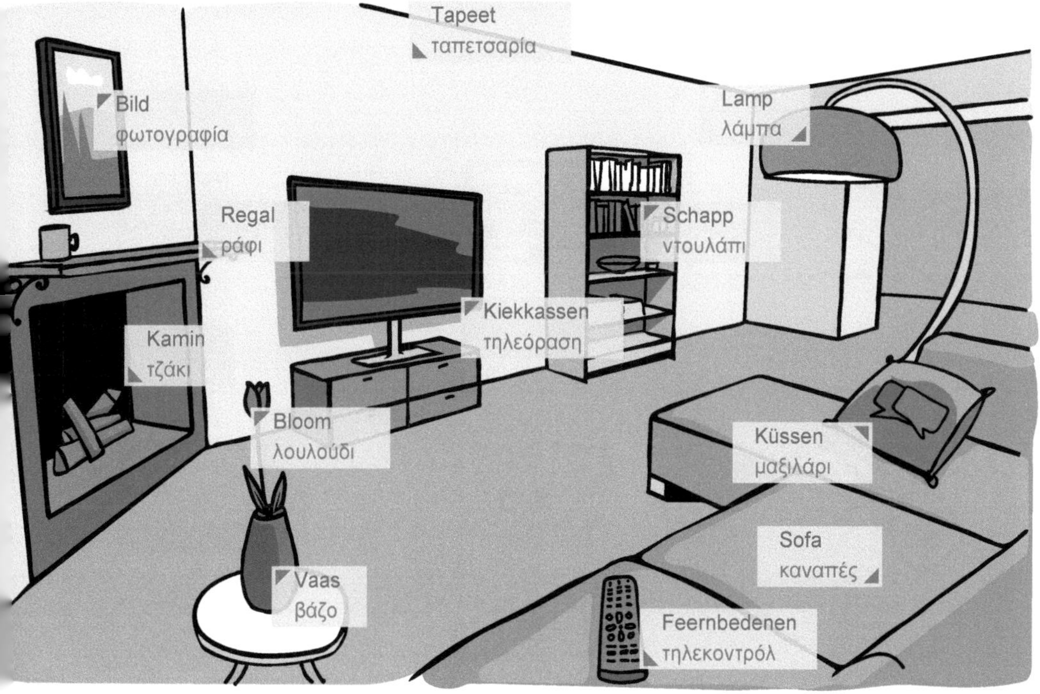

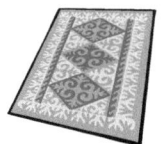

Teppich

χαλί

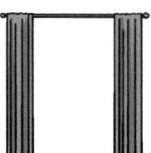

Vörhang

κουρτίνα

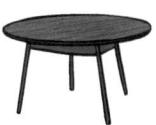

Disch

τραπέζι

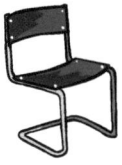

Stohl

καρέκλα

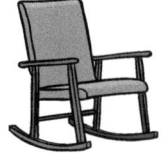

Schuckelstohl

κουνιστή πολυθρόνα

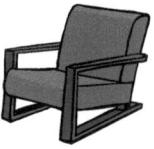

Sessel

πολυθρόνα

Book

βιβλίο

Deek

κουβέρτα

Dekoratschoon

διακόσμηση

Füerholt

καυσόξυλα

Film

ταινία

Stereoanlaag

στερεοφωνικό σύστημα

Slötel

κλειδί

Narichtenblatt

εφημερίδα

Gemälde

πίνακας ζωγραφικής

Poster

αφίσα

Radio

ραδιόφωνο

Opschrievblock

σημειωματάριο

Huulbessen

ηλεκτρική σκούπα

Kaktus

κάκτος

Kars

κερί

Köök
κουζίνα

Köhlschapp
ψυγείο
Mikrowell
φούρνος μικροκυμάτων
Kökenwaag
ζυγαριά κουζίνας
Toaster
τοστιέρα
Reinmaakmiddel
απορρυπαντικό
Backaven
φούρνος
Gefreerfack
κατάψυξη
Müllemmer
σκουπιδοτενεκές
Opwaschmaschien
πλυντήριο πιάτων

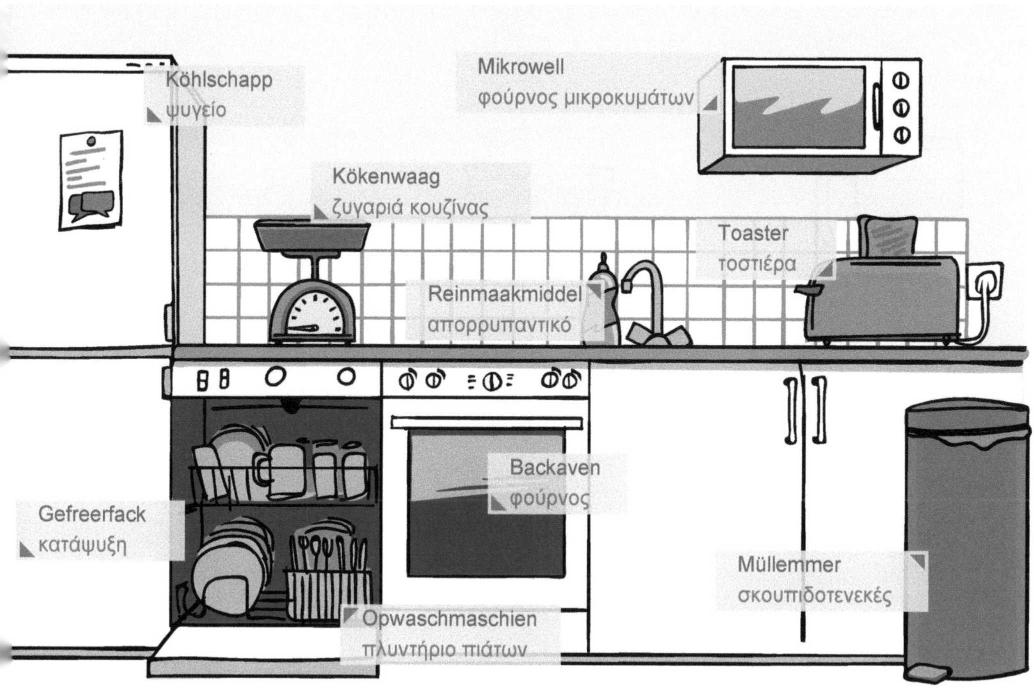

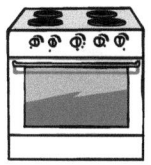

Heerd
κουζίνα

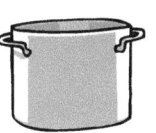

Pott
κατσαρόλα

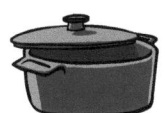

Gussiesern Putt
μαντεμένια κατσαρόλα

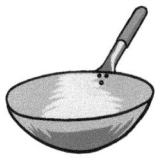

Wok / Kadai
γουόκ/καντάι

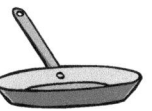

Pann
τηγάνι

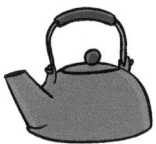

Waterkaker
βραστήρας

Dampkaakputt

ατμομάγειρας

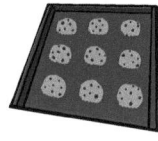

Backblick

ταψί

Geschirr

πιατικά

Beker

κούπα

Schaal

μπολ

Eetsticken

ξυλάκια

Suppenkell

κουτάλα

Pannenwenner

σπάτουλα

Sneebessen

ανακατεύω

Kaakseef

σουρωτήρι

Seef

σουρωτηράκι

Riev

τρίφτης

Mörser

γουδί

Grill

ψησταριά

Füerstell

ανοιχτή φωτιά

Sniedbrett

σανίδα κοπής

Nudelholt

πλάστης

Proppentrecker

ανοιχτήρι φελλών

Doos

κονσέρβα

Dosenaapner

ανοιχτήρι κονσέρβας

Pottlappen

γάντι φούρνου

Waschbecken

νεροχύτης

Böst

βούρτσα

Swamm

σφουγγάρι

Mixer

μπλέντερ

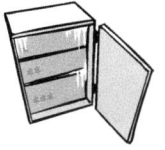

Iesschapp

καταψύκτης

Nuckelbuddel

μπιμπερό

Waterhahn

βρύση

Baadstuuv

μπάνιο

Heizung
θέρμανση
Bruus
ντους
Handdook
πετσέτα
Bruusvörhang
κουρτίνα ντουζ
Schuumbad
αφρόλουτρο
Baadwann
μπανιέρα
Glas
ποτήρι
Waschmaschien
πλυντήριο ρούχων
Waterhahn
βρύση
Fliesen
πλακάκια
lütte Putt
γιογιό
Waschbecken
νεροχύτης

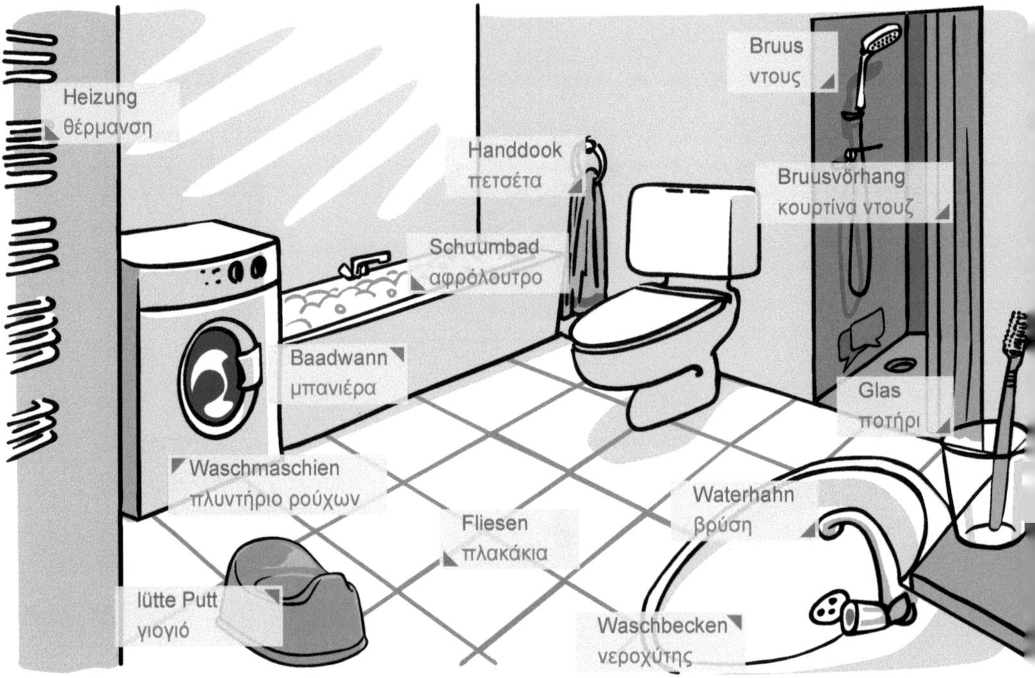

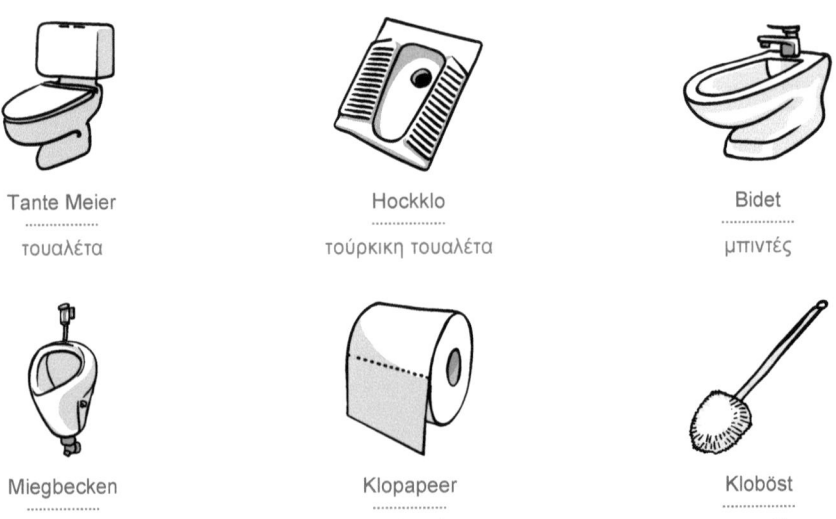

Tante Meier
τουαλέτα

Hockklo
τούρκικη τουαλέτα

Bidet
μπιντές

Miegbecken
ουρητήριο

Klopapeer
χαρτί υγείας

Kloböst
πιγκάλ

Tähnböst

οδοντόβουρτσα

Tähnpast

οδοντόκρεμα

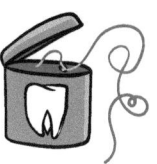

Tähnsied

οδοντικό νήμα

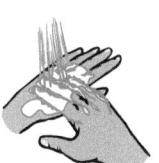

waschen

πλένω

Handbruus

τηλέφωνο ντους

Intimbruus

ντουσιέρα

Waschschöttel

λεκάνη

Rüchböst

βούρτσα πλάτης

Seep

σαπούνι

Bruusgeel

αφρόλουτρο

Hoorwaschmiddel

σαμπουάν

Waschlappen

φανέλα

Afloop

σιφόνι

Creme

κρέμα

Deodorant

αποσμητικό

Spegel

καθρέφτης

Kosmetikspegel

καθρέφτης χειρός

Raserer

ξυραφάκι

Raseerschuum

αφρός ξυρίσματος

Raseerwater

αφτερσέιβ

Kamm

χτένα

Böst

βούρτσα

Hoordröger

σεσουάρ

Hoorspray

λακ

Smink

μακιγιάζ

Lippensticken

κραγιόν

Nagellack

βερνίκι νυχιών

Watt

βαμβάκι

Nagelscheer

ψαλίδι νυχιών

Rüükwater

άρωμα

Kulturbüdel

νεσεσέρ

Schemel

σκαμπό

Waag

ζυγαριά

Baadmantel

μπουρνούζι

Gummihanschen

ελαστικά γάντια

Tampon

ταμπόν

Damenbinn

πετσέτα υγιεινής

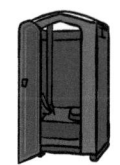

Chemieklo

χημική τουαλέτα

Kinnerstuuv
παιδικό δωμάτιο

Wecker
ξυπνητήρι
Knudeldeert
λούτρινο ζωάκι
Speeltüüchauto
αυτοκινητάκι
Klöter
κουδουνίστρα
Poppenhuus
κουκλόσπιτο
Geschenk
δώρο

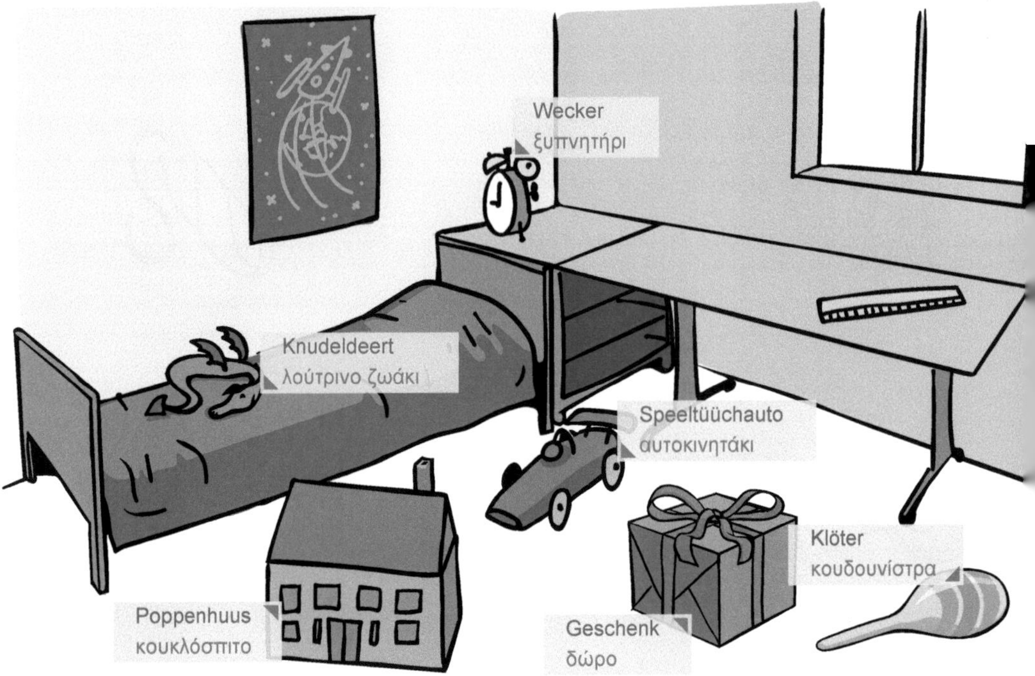

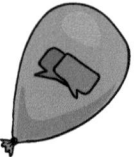

Luftballon

μπαλόνι

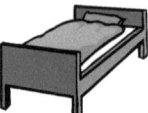

Puuch

κρεβάτι

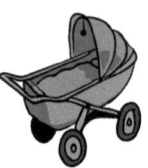

Kinnerwagen

καροτσάκι

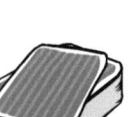

Koortenspeel

τράπουλα

Puzzle

παζλ

SUPER
MEGA

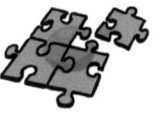

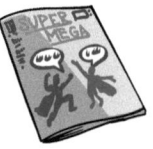

Billergeschicht

κόμικς

Legostenen

τουβλάκια lego

Bustenen

τουβλάκια κατασκευών

Action-Figur

φιγούρα δράσης

Strampelantog

βρεφικό φορμάκι

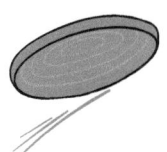

Frisbeeschiev

φρίσμπι

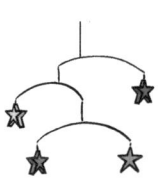

Mobile

μόμπιλο

Brettspeel

επιτραπέζιο παιχνίδι

Wörpel

ζάρια

Modelliesenbahn

σετ τρενάκι

Snuller

πιπίλα

Party

πάρτι

Billerbook

εικονογραφημένο βιβλίο

Ball

μπάλα

Popp

κούκλα

spelen

παίζω

Sandkassen

σκάμμα με άμμο

Schuckel

κούνια

Speeltüüch

παιχνίδια

Speelkonsool

κονσόλα βιντεοπαιχνιδιών

Dreerad

τρίκυκλο

Teddyboor

αρκουδάκι

Klederschapp

ντουλάπα

Tüüch

ρούχα

Socken

κάλτσες

Strümp

καλτσοδέτες

Strumpbüx

καλσόν

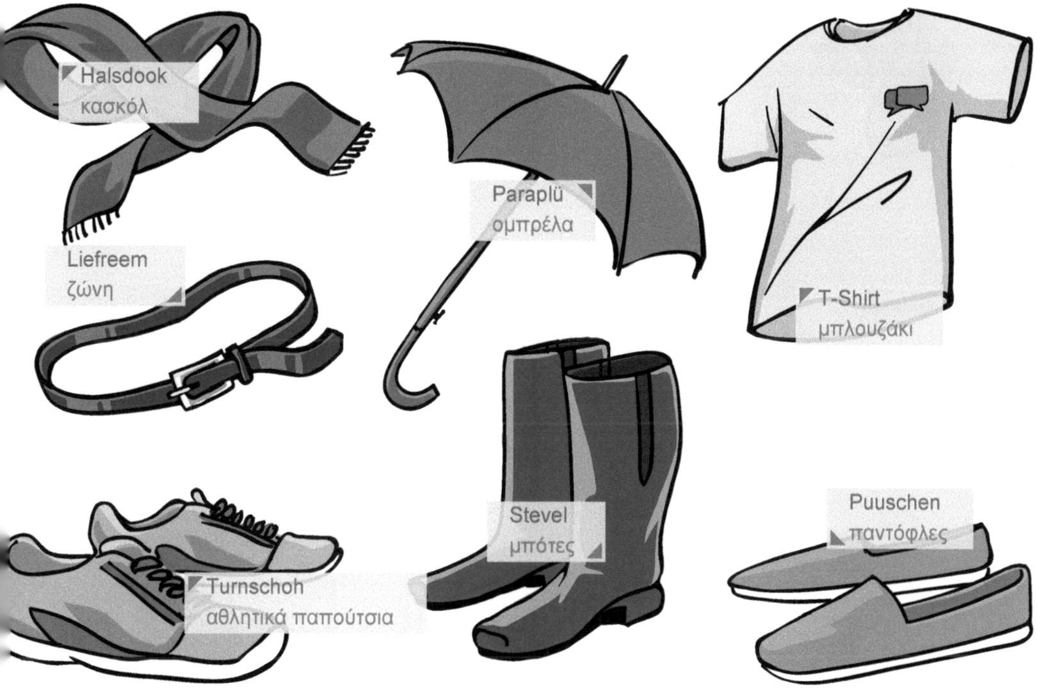

Halsdook
κασκόλ

Paraplü
ομπρέλα

T-Shirt
μπλουζάκι

Liefreem
ζώνη

Stevel
μπότες

Puuschen
παντόφλες

Turnschoh
αθλητικά παπούτσια

Sandalen
σανδάλια

Schoh
παπούτσια

Gummistevel
γαλότσες

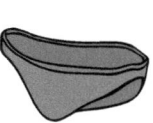

Ünnerbüx
εσώρουχο

Bostholler
σουτιέν

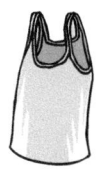

Ünnerhemd
φανέλα

Lief

σώμα

Büx

παντελόνι

Jeansnüx

τζιν παντελόνι

Rock

φούστα

Bluus

μπλούζα

Hemd

πουκάμισο

Pullover

πουλόβερ

Kapuzenpullover

πουλόβερ

Blazer

σακάκι

Jack

μπουφάν

Mantel

παλτό

Övertrecker

αδιάβροχο πανωφόρι

Kostüm

κοστούμι

Kleed

φόρεμα

Hochtietskleed

νυφικό

Antog

κοστούμι

Nachtkleed

νυχτικό

Slaapantog

πιτζάμες

Sari

σάρι

Koppdook

μαντήλι

Turban

τουρμπάνι

Burka

μπούρκα

Kaftan

καφτάνι

Abaya

μουσουλμανικό ένδυμα

Baadantog

ολόσωμο μαγιό

Baadbüx

ανδρικό μαγιό

Korte Büx

σορτς

Antog to'n Öven

αθλητική φόρμα

Schört

ποδιά

Handschoh

γάντια

Knopp

κουμπί

Brill

γυαλιά

Armband

βραχιόλι

Halskeed

περιδέραιο

Ring

δαχτυλίδι

Ohrbummel

σκουλαρίκι

Mütz

καπέλο

Klederbögel

κρεμάστρα

Hoot

καπέλο

Binner

γραβάτα

Rietslüter

φερμουάρ

Helm

κράνος

Drachtband

τιράντες

Schooluniform

μαθητική στολή

Uniform

στολή

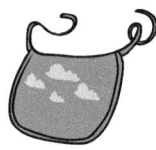

Severböten
σαλιάρα

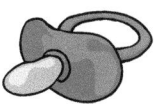

Snuller
πιπίλα

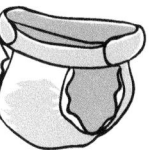

Winnel
πάνα

Büro
γραφείο

Server
σέρβερ
Aktenschapp
αρχειοθήκη
Drucker
εκτυπωτής
Papeer
χαρτί
Bildschirm
οθόνη
Schrievdisch
γραφείο
Muus
ποντίκι
Orner
ντοσιέ
Knoopboord
πληκτρολόγιο
Papeerkorf
καλάθι αχρήστων
Computer
υπολογιστής
Stohl
καρέκλα

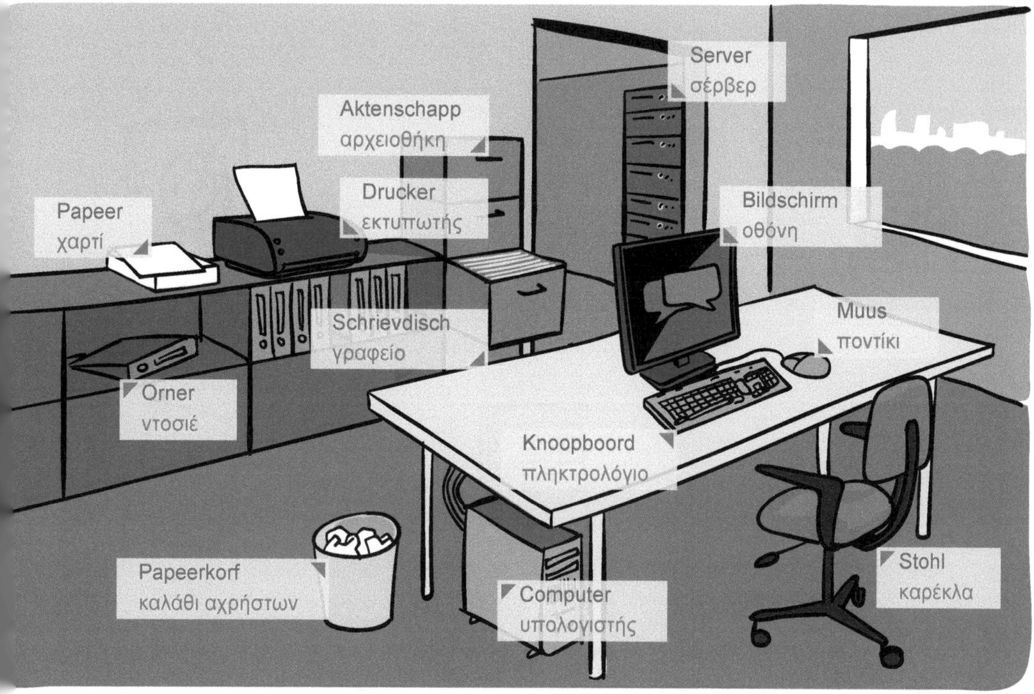

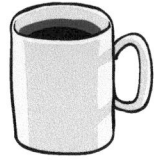

Koffiebeker
κούπα του καφέ

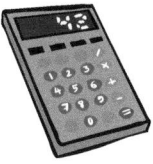

Taschenreekner
κομπιουτεράκι

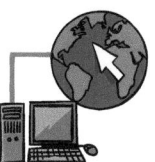

Internet
ίντερνετ

Klappreekner

λάπτοπ

Breef

γράμμα

Naricht

μήνυμα

Ackersnacker

κινητό

Nettwark

δίκτυο

Kopeerapparat

φωτοτυπικό μηχάνημα

Software

λογισμικό

Klöönkassen

τηλέφωνο

Steekdoos

πρίζα

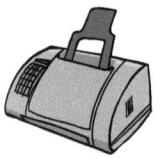

Faxapparat

συσκευή φαξ

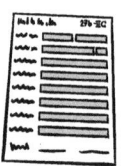

Formulor

έντυπο

Dokument

έγγραφο

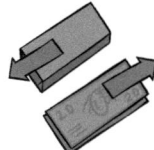

köpen

αγοράζω

betahlen

πληρώνω

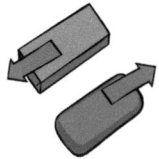

hanneln

συναλλάσσομαι

Geld

χρήματα

Dollar

δολάριο

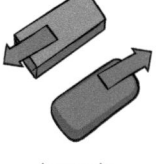

Euro

ευρώ

Yen

γιεν

Ruvel

ρούβλι

Swiezer Franken

ελβετικό φράγκο

Renminbi Yuan

ρενμίνμπι γιουάν

Rupie

ρουπία

Geldautomat

ATM (αυτόματη ταμειακή μηχανή)

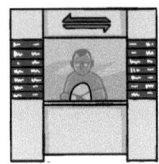

Wesselstuuv

ανταλλακτήρια συναλλάγματος

Gold

χρυσός

Sülver

ασήμι

Ööl

πετρέλαιο

Energie

ενέργεια

Pries

τιμή

Verdrag

συμβόλαιο

Stüer

φόρος

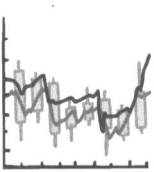

Andeelschien

μετοχή

arbeiden

δουλεύω

Anstellte

υπάλληλος

Arbeitgever

εργοδότης

Fabrik

εργοστάσιο

Hökerie

κατάστημα

Profeschonen
επαγγέλματα

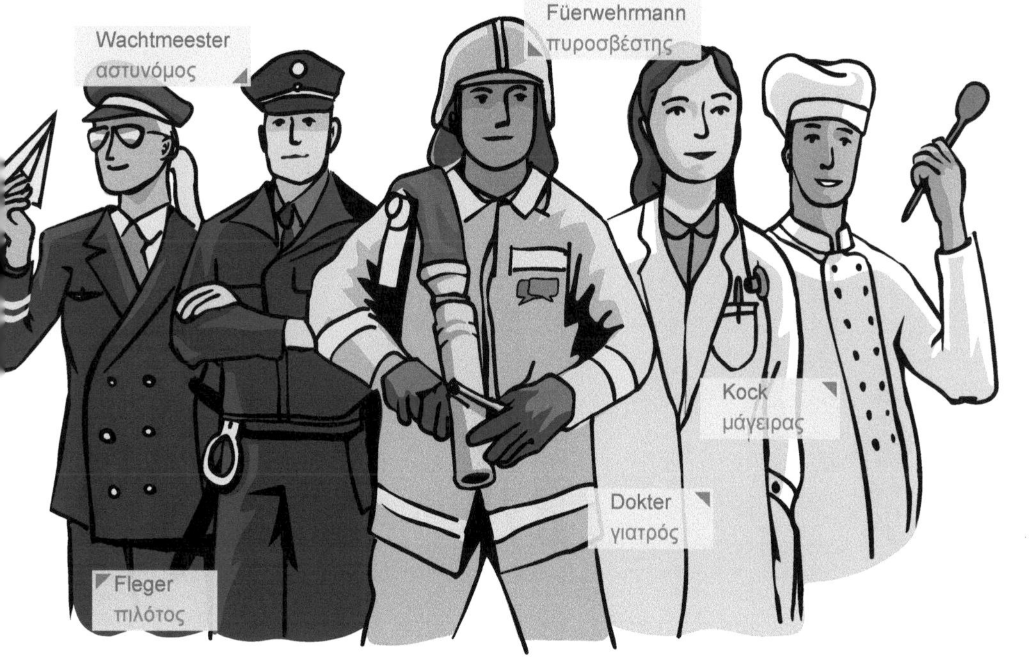
Füerwehrmann
πυροσβέστης
Wachtmeester
αστυνόμος
Kock
μάγειρας
Dokter
γιατρός
Fleger
πιλότος

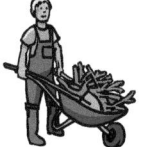

Goorner
κηπουρός

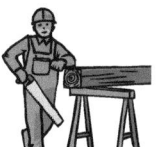

Discher
ξυλουργός

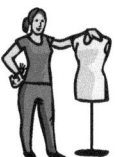

Neihersche
μοδίστρα

Richter
δικαστής

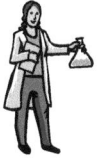

Chemiker
χημικός

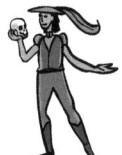

Schauspeler
ηθοποιός

Busfohrer

οδηγός λεωφορείου

Taxifohrer

ταξιτζής

Fischer

ψαράς

Reinmaakfru

καθαρίστρια

Dackdecker

τεχνίτης στεγών

Kellner

σερβιτόρος

Jäger

κυνηγός

Maler

ζωγράφος

Bäcker

αρτοποιός

Elektriker

ηλεκτρολόγος

Buarbeider

οικοδόμος

Ingenieur

μηχανολόγος

Slachter

κρεοπώλης

Klempner

υδραυλικός

Postbüdel

ταχυδρόμος

Suldat

στρατιώτης

Architekt

αρχιτέκτονας

Kasserer

ταμίας

Florist

ανθοπώλης

Putzbüdel

κομμωτής

Schaffner

ελεγκτής εισιτηρίων

Mechaniker

μηχανικός

Kaptein

καπετάνιος

Tähndokter

οδοντίατρος

Wetenschopler

επιστήμονας

Rabbi

ραβίνος

Imam

ιμάμης

Mönk

μοναχός

Paap

ιερέας

Warktüüch

εργαλεία

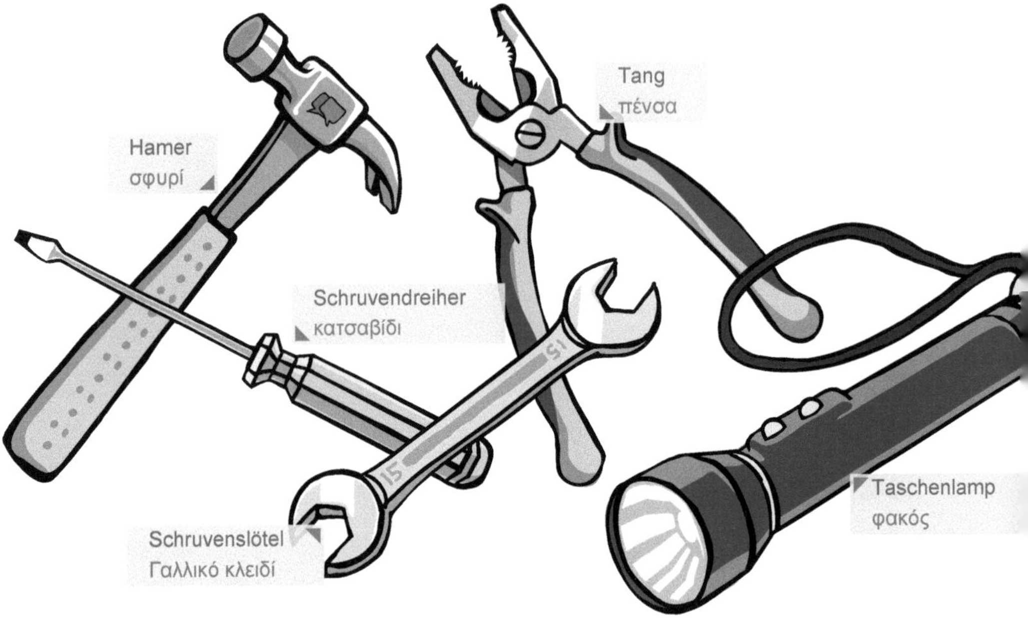

Hamer
σφυρί

Tang
πένσα

Schruvendreiher
κατσαβίδι

Schruvenslötel
Γαλλικό κλειδί

Taschenlamp
φακός

Grieper

εκσκαφέας

Warktüüchkassen

εργαλειοθήκη

Ledder

σκάλα

Saag

πριόνι

Nagels

καρφιά

Bohrer

τρυπάνι

heelmaken

επισκευάζω

Schüffel

φτυάρι

Schiet!

Να πάρει!

Kehrblick

φαράσι

Farvpott

δοχείο χρωμάτων

Schruven

βίδες

Musikinstrumenten
μουσικά όργανα

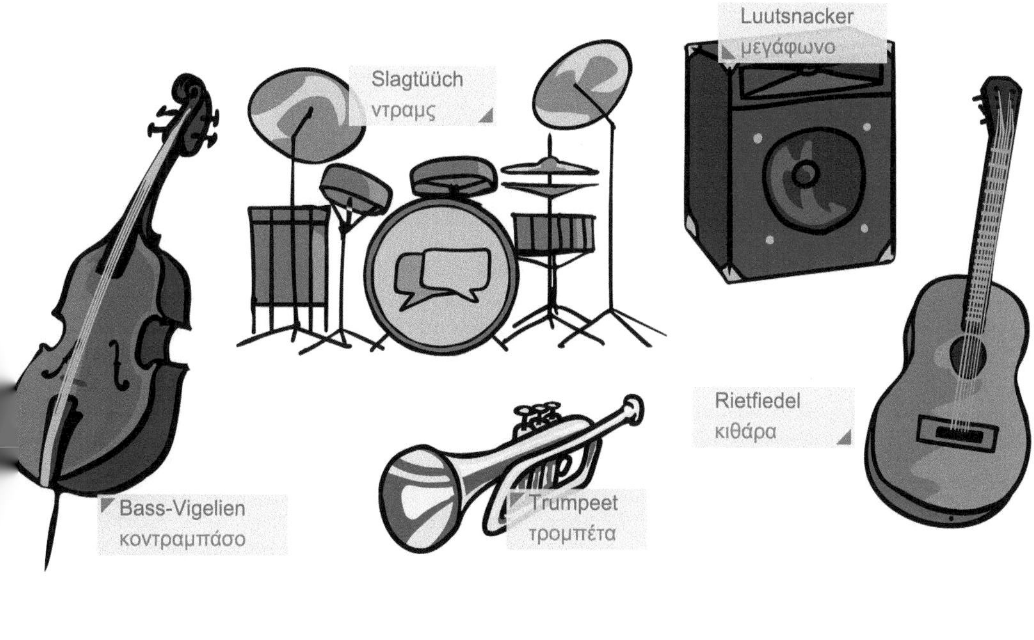

Slagtüüch
ντραμς

Luutsnacker
μεγάφωνο

Bass-Vigelien
κοντραμπάσο

Trumpeet
τρομπέτα

Rietfiedel
κιθάρα

Klaveer

πιάνο

Vigelien

βιολί

Bass

μπάσο

Pauk

τύμπανα

Trummeln

τύμπανο

Keyboard

πλήκτρα

Saxophon

σαξόφωνο

Fleut

φλάουτο

Mikrofoon

μικρόφωνο

Deertenpark

ζωολογικός κήπος

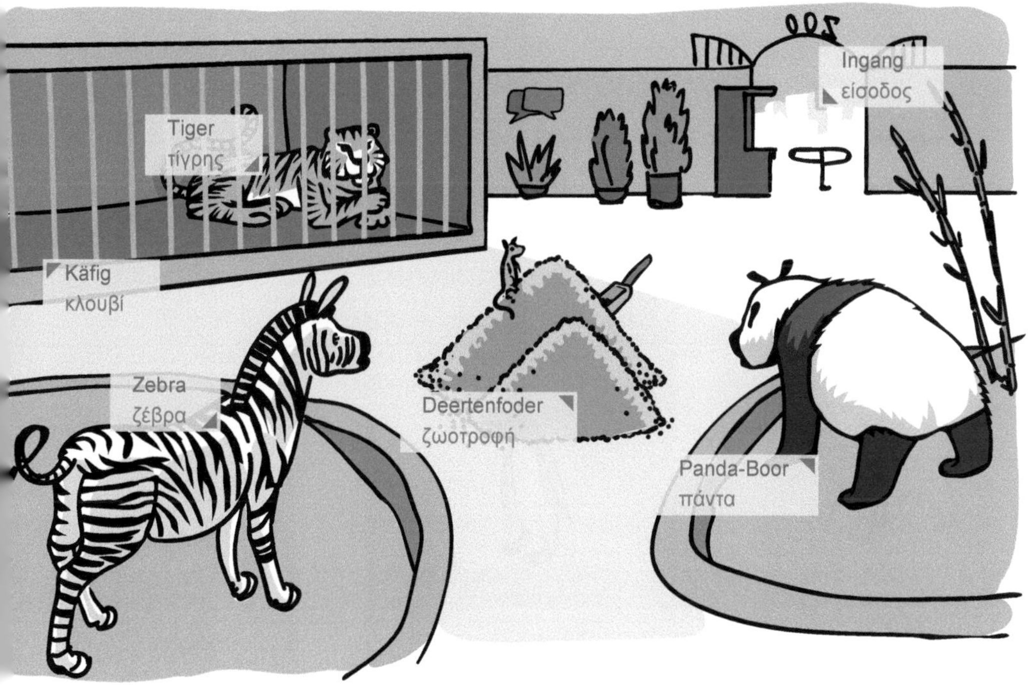

Tiger
τίγρης
Ingang
είσοδος
Käfig
κλουβί
Zebra
ζέβρα
Deertenfoder
ζωοτροφή
Panda-Boor
πάντα

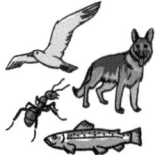

Deerten

ζώα

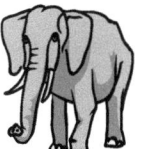

Elefant

ελέφαντας

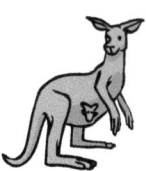

Känguru

καγκουρό

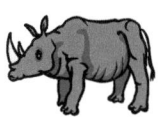

Neeshoorn

ρινόκερος

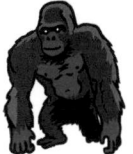

Gorilla

γορίλας

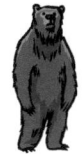

Boor

αρκούδα

Kameel

καμήλα

Struuß

στρουθοκάμηλος

Lööv

λιοντάρι

Aap

πίθηκος

Flamingo

φλαμίνγκο

Papagoi

παπαγάλος

Iesboor

πολική αρκούδα

Pinguin

πιγκουίνος

Haifisch

καρχαρίας

Pageluun

παγώνι

Slang

φίδι

Krokodil

κροκόδειλος

Oppasser in'n Deertenpark

φύλακας ζωολογικού κήπου

Saalhund

φώκια

Jaguor

τζάγκουαρ

Pony

πόνυ

Leopard

λεοπάρδαλη

Nilpeerd

ιπποπόταμος

Giraff

καμηλοπάρδαλη

Aadler

αετός

Wildswien

αγριογούρουνο

Fisch

ψάρι

Schildkrööt

χελώνα

Walross

θαλάσσιος ίππος

Voss

αλεπού

Gazell

γαζέλα

Amerikaansch Football
Αμερικάνικο ποδόσφαιρο

Radfohren
ποδηλασία

Tennis
αντισφαίριση

Korfball
μπάσκετ

Swümmen
κολύμβηση

Boxen
πυγχαμία

Ieshockey
χόκεϋ επί πάγου

Football

ποδόσφαιρο

Fedderball

μπάντμιντον

Leichtathletik

στίβος

Handball

χάντμπολ

Skilopen

σκι

Polo

πόλο

Aktivitäten
δραστηριότητες

springen
πηδάω
ümarmen
αγκαλιάζω
lachen
γελάω
gahn
περπατάω
singen
τραγουδάω
drömen
ονειρεύομαι
beden
προσεύχομαι
snuteln
φιλάω

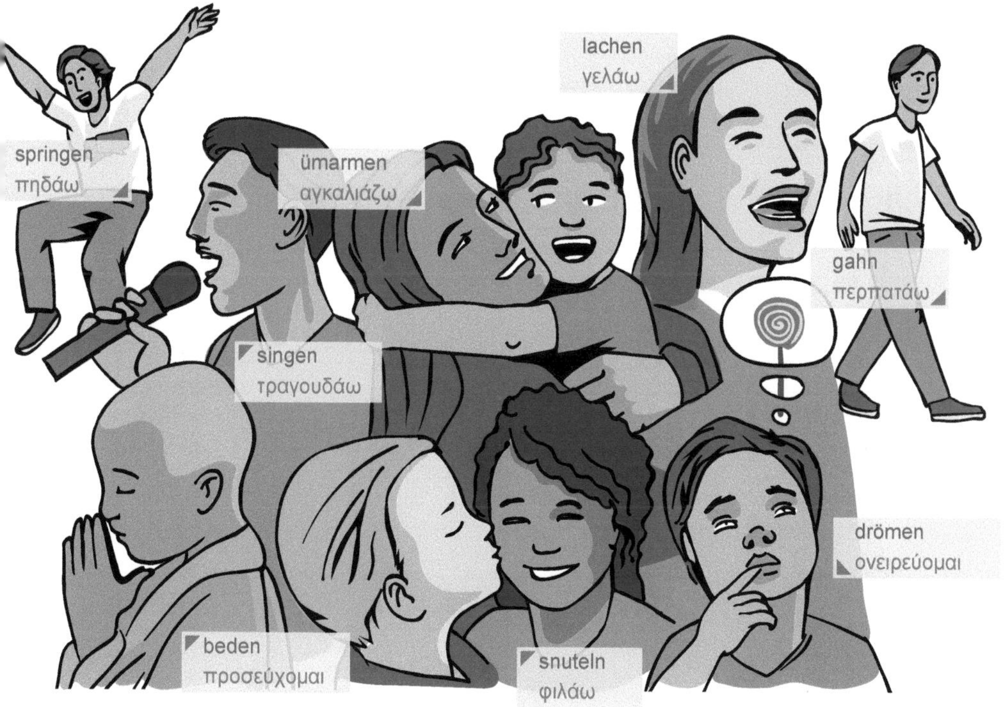

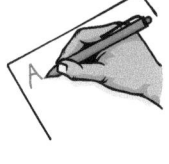

schrieven
γράφω

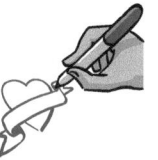

teken
σχεδιάζω

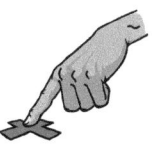

wiesen
δείχνω

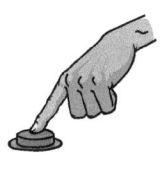

drücken
πιέζω

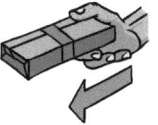

geven
δίνω

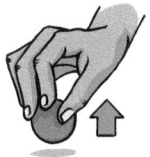

nehmen
παίρνω

hebben

έχω

doon

κάνω

sien

είμαι

stahn

στέκομαι

lopen

τρέχω

trecken

τραβάω

smieten

ρίχνω

fallen

πέφτω

liggen

ξαπλώνω

töven

περιμένω

dregen

κουβαλώ

sitten

κάθομαι

antrecken

φοράω

slapen

κοιμάμαι

opwaken

ξυπνάω

ankieken

κοιτάω

wenen

κλαίω

eien

χαϊδεύω

kämmen

χτενίζω

snacken

μιλάω

verstahn

καταλαβαίνω

fragen

ρωτάω

hören

ακούω

drinken

πίνω

eten

τρώω

oprümen

συγυρίζω

leefhebben

αγαπάω

kaken

μαγειρεύω

fohren

οδηγώ

flegen

πετάω

segeln

κάνω ιστιοπλοΐα

reken

υπολογίζω

lesen

διαβάζω

lehren

μαθαίνω

arbeiden

δουλεύω

de Plünnen tohoopsmieten

παντρεύομαι

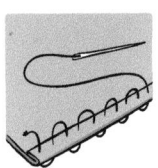

neihen

ράβω

Tähnen putzen

βουρτσίζω τα δόντια

dootmaken

σκοτώνω

smöken

καπνίζω

schicken

στέλνω

Familje
οικογένεια

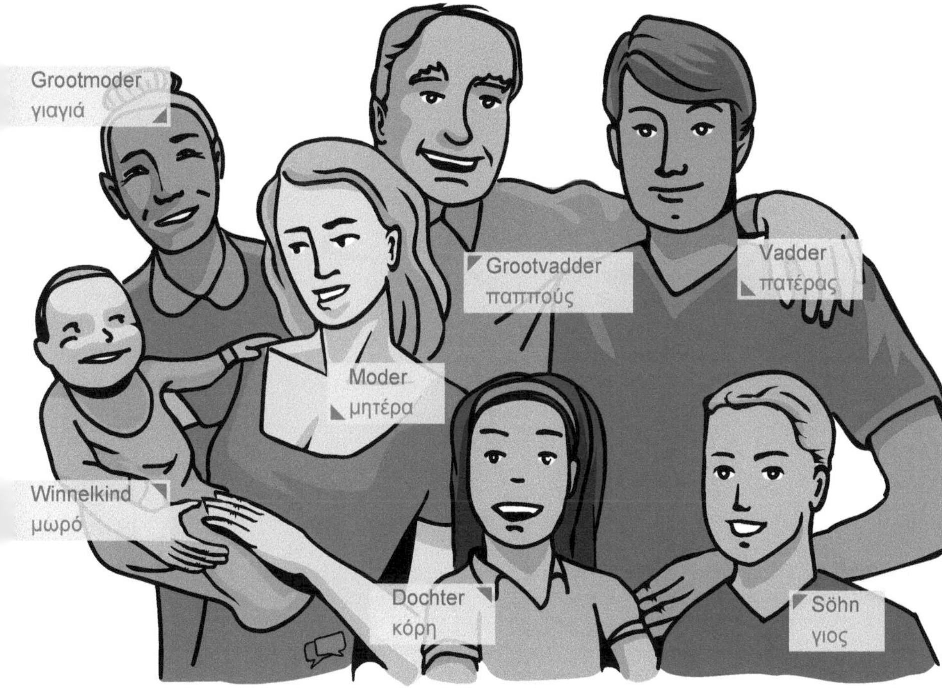
Grootmoder
γιαγιά
Grootvadder
παππούς
Vadder
πατέρας
Moder
μητέρα
Winnelkind
μωρό
Dochter
κόρη
Söhn
γιος

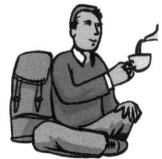

Gast
καλεσμένος

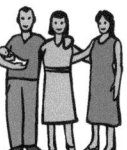

Tant
θεία

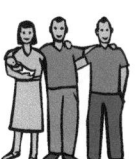

Unkel
θείος

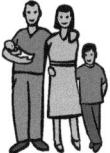

Broder
αδελφός

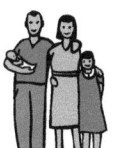

Süster
αδελφή

Lief

σώμα

Vörkopp
μέτωπο
Oog
μάτι
Schuller
ώμος
Finger
δάχτυλο
Gesicht
πρόσωπο
Kinn
πιγούνι
Hand
χέρι
Been
πόδι
Bost
στήθος
Arm
βραχίονας

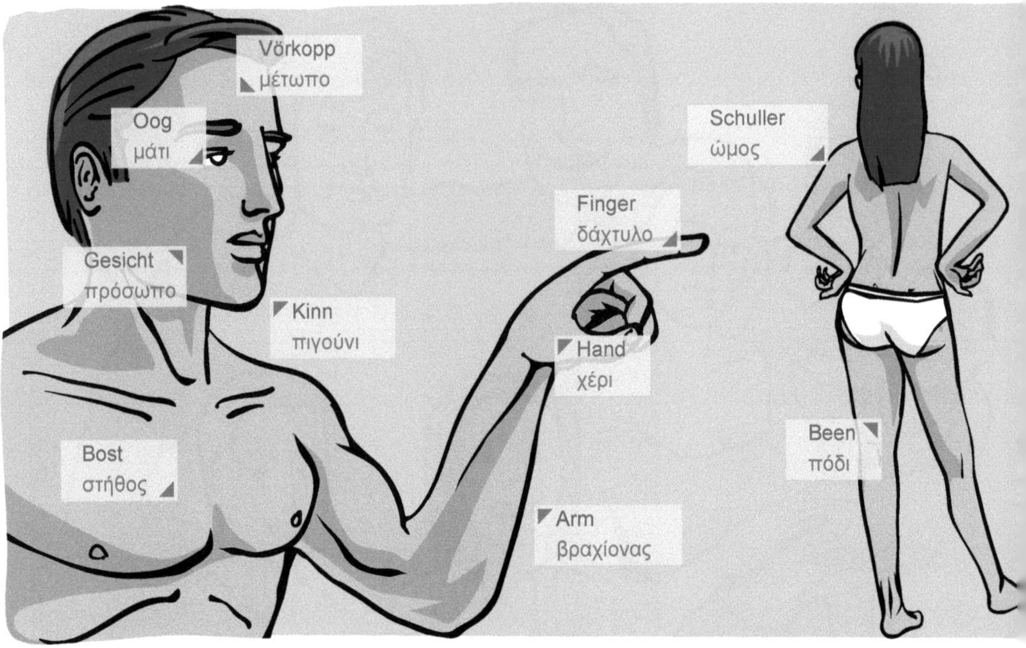

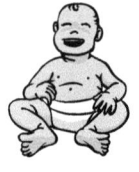

Winnelkind

μωρό

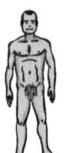

Mann

άνδρας

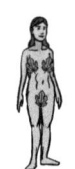

Fro

γυναίκα

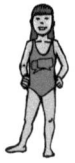

Deern

κορίτσι

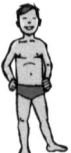

Jung

αγόρι

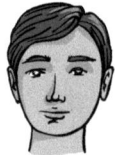

Arm

κεφάλι

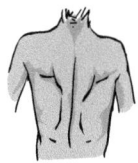

Rüch

πλάτη

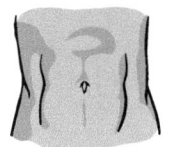

Buuk

κοιλιά

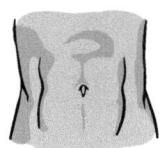

Navel

αφαλός

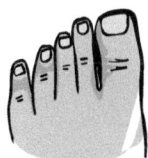

Teh

δάχτυλο ποδιού

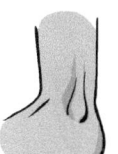

Hack

φτέρνα

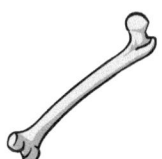

Knaken

κόκκαλο

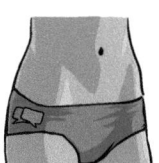

Hüft

γοφός

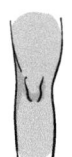

Knee

γόνατο

Ellbagen

αγκώνας

Nees

μύτη

Achtersen

γλουτός

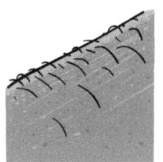

Huut

δέρμα

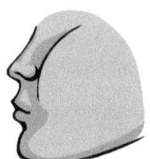

Back

μάγουλο

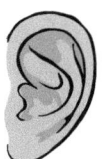

Ohr

αυτί

Lipp

χείλος

Mund

στόμα

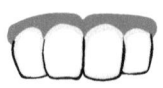

Tähn

δόντι

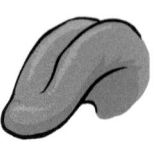

Tung

γλώσσα

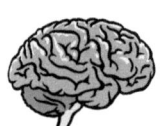

Bregen

εγκέφαλος

Hart

καρδιά

Muskel

μυς

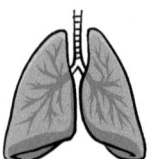

Lung

πνεύμονας

Lever

συκώτι

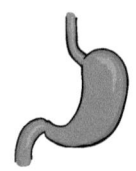

Maag

στομάχι

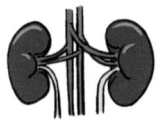

Neren

νεφρά

Bislaap

σεξουαλική επαφή

Kondoom

προφυλακτικό

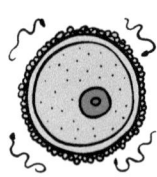

Eizell

ωάριο

Sperma

σπέρμα

Anner Ümstänn

εγκυμοσύνη

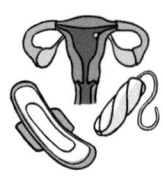

Menstruatschoon

περίοδος

Scheed

γυναικείος κόλπος

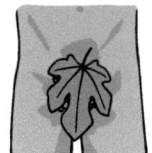

Pint

πέος

Ogenbroe

φρύδι

Hoor

μαλλιά

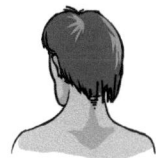

Hals

λαιμός

Krankenhuus
νοσοκομείο

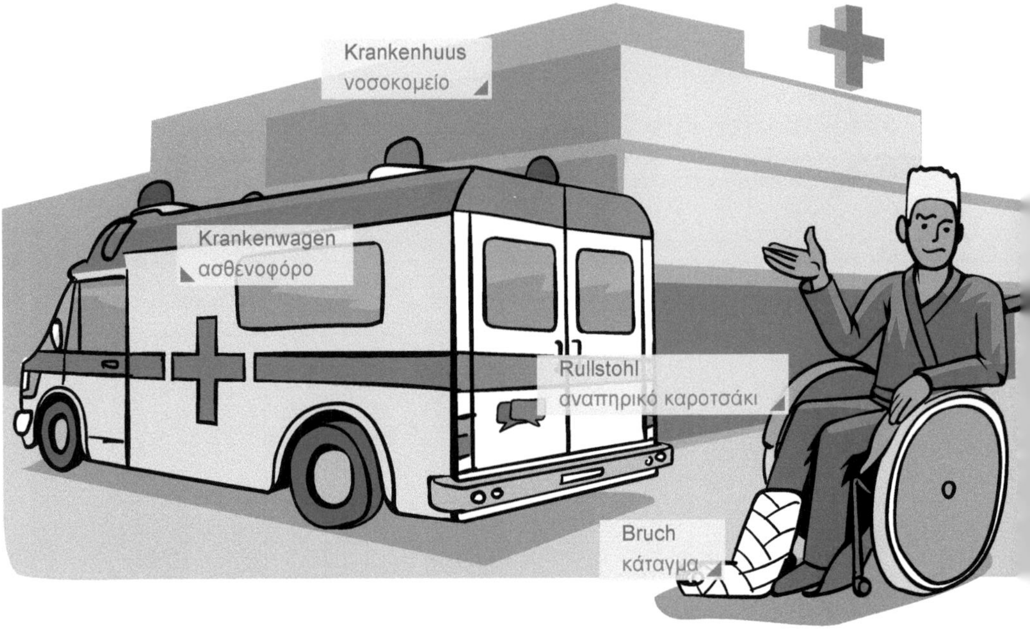

Krankenhuus
νοσοκομείο
Krankenwagen
ασθενοφόρο
Rullstohl
αναπηρικό καροτσάκι
Bruch
κάταγμα

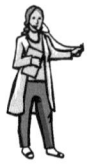

Dokter
γιατρός

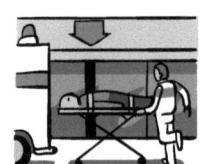

Nootopnahm
μονάδα εντατικής θεραπείας

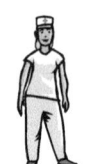

Krankensüster
νοσοκόμα

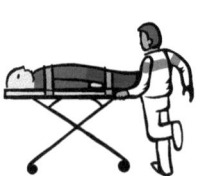

Nootfall
έκτακτη ανάγκη

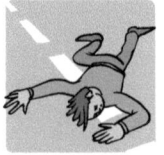

ahnmächtig
λιπόθυμος

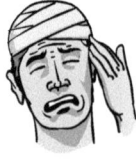

Wehdaag
πόνος

Verwunnen

τραύμα

Blöden

αιμορραγία

Hartinfarkt

έμφραγμα

Slaganfall

εγκεφαλικό

Allergie

αλλεργία

Hoosten

βήχας

Fever

πυρετός

Gripp

γρίπη

Dörchfall

διάρροια

Koppwehdaag

πονοκέφαλος

Kreeft

καρκίνος

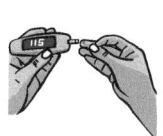

Zuckersüük

διαβήτης

Chirurg

χειρουργός

Chirurgsch Mess

νυστέρι

Operatschoon

εγχείρηση

CT

αξονική τομογραφία

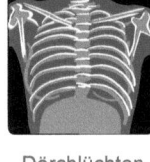

Dörchlüchten

ακτινογραφία

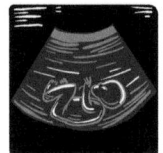

Ultraschall

υπέρηχος

Mask

μάσκα

Krankheit

ασθένεια

Töövruum

αίθουσα αναμονής

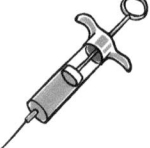

Krück

πατερίτσα

Plaaster

χάνσαπλαστ

Verband

επίδεσμος

Insprütten

ένεση

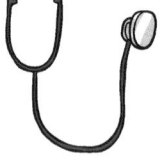

Stethoskop

στηθοσκόπιο

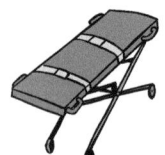

Draag

φορείο

Feverthermometer

θερμόμετρο

Geboort

γέννηση

Övergewicht

υπέρβαρο

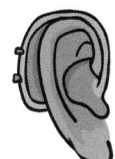

Höörapparat

ακουστικό βαρηκοΐας

Kiemfriemiddel

αντισηπτικό

Ansteken

λοίμωξη

Virus

ιός

HIV / AIDS

HIV/AIDS

Heelmiddel

φάρμακο

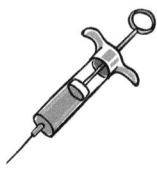

Impen

εμβολιασμός

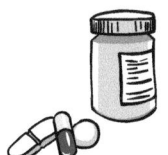

Tabletten

δισκία

Pill

χάπι

Nootroop

κλήση έκτακτης ανάγκης

Blootdruck-Meter

πιεσόμετρο αίματος

krank / gesund

άρρωστος / υγιής

Hölp!	Alarm	Överfall
Βοήθεια!	συναγερμός	βιαιοπραγία

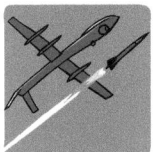		
Angreep	Gefohr	Nootutgang
επίθεση	κίνδυνος	έξοδος κινδύνου

Füer!	Füerlöscher	Unfall
Φωτιά!	πυροσβεστήρας	ατύχημα

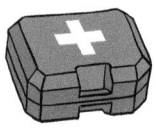		
Noothölpkoffer	SOS	Polizei
κουτί πρώτων βοηθειών	SOS	αστυνομία

Europa

Ευρώπη

Noordamerika

Βόρεια Αμερική

Süüdamerika

Νότια Αμερική

Afrika

Αφρική

Asien

Ασία

Australien

Αυστραλία

Atlantik

Ατλαντικός Ωκεανός

Pazifik

Ειρηνικός Ωκεανός

Indisch Weltmeer

Ινδικός Ωκεανός

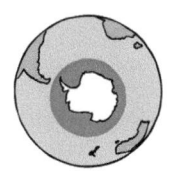

Antarktisch Weltmeer

Ανταρκτικός Ωκεανός

Arktisch Weltmeer

Αρκτικός Ωκεανός

Noordpol

Βόρειος Πόλος

Süüdpol
Νότιος Πόλος

Antarktis
Ανταρκτική

Eerd
Γη

Land
γη

See
θάλασσα

Eiland
νησί

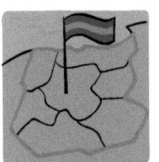

Natschoon
έθνος

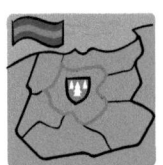

Staat
πολιτεία

Tallenblatt

καντράν ρολογιού

Stunnenwieser

ωροδείκτης

Minutenwieser

λεπτοδείκτης

Sekunnenwieser

δείκτης δευτερολέπτων

Wo laat is dat?

Τι ώρα είναι;

Dag

ημέρα

Tiet

χρόνος

nu

τώρα

digetaalsch Klock

ψηφιακό ρολόι

Minuut

λεπτό

Stunn

ώρα

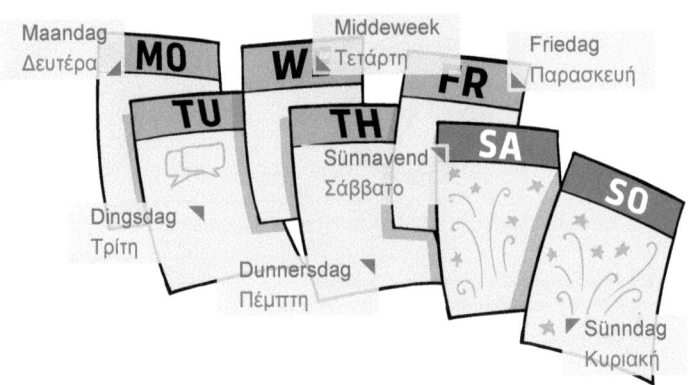

Maandag
Δευτέρα

MO

W
Middeweek
Τετάρτη

FR
Friedag
Παρασκευή

TU

TH

SA

Dingsdag
Τρίτη

Sünnavend
Σάββατο

SO

Dunnersdag
Πέμπτη

Sünndag
Κυριακή

güstern

χθες

hüüt

σήμερα

morgen

αύριο

Morgen

πρωί

Meddag

μεσημέρι

Avend

βράδυ

Arbeitsdaag

εργάσιμες ημέρες

Wekenenn

Σαββατοκύριακο

Johr
έτος

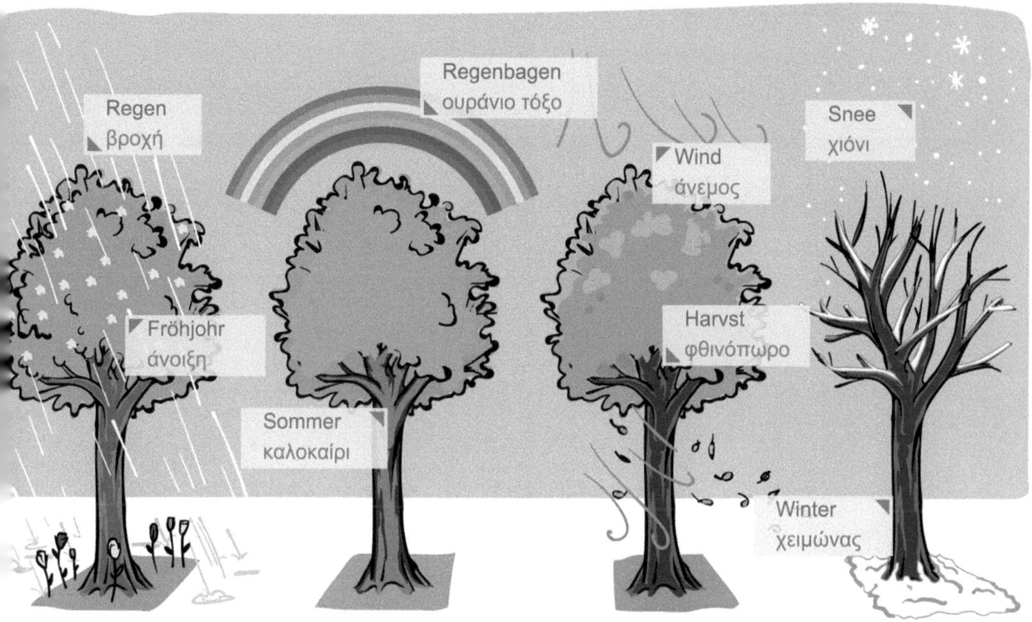
Regen
βροχή
Regenbagen
ουράνιο τόξο
Wind
άνεμος
Snee
χιόνι
Fröhjohr
άνοιξη
Sommer
καλοκαίρι
Harvst
φθινόπωρο
Winter
χειμώνας

4.APRIL 11°
5.APRIL 4°
6.APRIL 13°
7.APRIL 8°
8.APRIL 10°

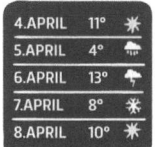

Wedervörhersaag

πρόγνωση καιρού

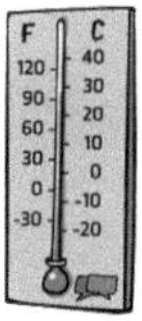
F
C
120
90
60
30
0
-30
40
30
20
10
0
-10
-20

Thermometer

θερμόμετρο

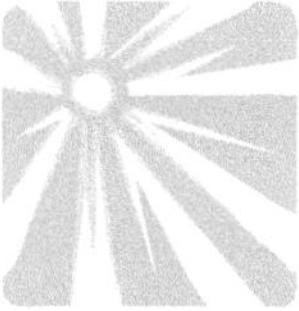

Sünnenschien

λιακάδα

Wulk

σύννεφο

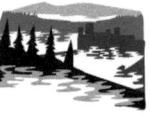

Nevel

ομίχλη

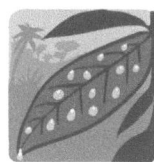

Luftfuchtigkeit

υγρασία

Blitz

αστραπή

Dunner

κεραυνός

Storm

καταιγίδα

Hagel

χαλάζι

Monsun

μουσώνας

Floot

πλημμύρα

Ies

πάγος

Januormaand

Ιανουάριος

Februormaand

Φεβρουάριος

Martmaand

Μάρτιος

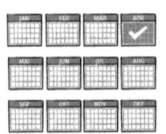

Aprilmaand

Απρίλιος

Maimaand

Μάιος

Junimaand

Ιούνιος

Julimaand

Ιούλιος

Augustmaand

Αύγουστος

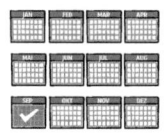

Septembermaand

Σεπτέμβριος

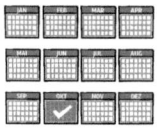

Oktobermaand

Οκτώβριος

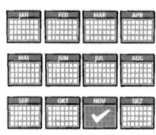

Novembermaand

Νοέμβριος

Dezembermaand

Δεκέμβριος

Formen
σχήματα

Krink

κύκλος

Quadrat

τετράγωνο

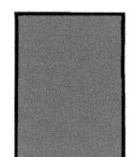

Rechteck

ορθογώνιο
παραλληλόγραμμο

Dreeeck

τρίγωνο

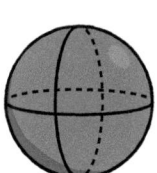

Kugel

σφαίρα

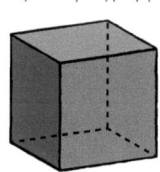

Wörpel

κύβος

witt

άσπρο

geel

κίτρινο

orangsch

πορτοκαλί

pink

ροζ

root

κόκκινο

lila

μωβ

blau

μπλε

gröön

πράσινο

bruun

καφέ

gries

γκρι

swart

μαύρο

veel / wenig

πολύ / λίγο

böös / verdreeglich

θυμωμένος / ήρεμος

smuck / mies

όμορφος / άσχημος

Begünn / Enn

αρχή / τέλος

groot / lütt

μεγάλος / μικρός

hell / düüster

φωτεινός / σκοτεινός

Broder / Süster

αδελφός / αδελφή

schier / schietig

καθαρός / λερωμένος

kumpleet / nich kumpleet

πλήρης / ατελής

Dag / Nacht

ημέρα / νύχτα

doot / lebennig

νεκρός / ζωντανός

breet / small

φαρδύς / στενός

geneetbor / nich geneetbor

βρώσιμος / μη βρώσιμος

böös / fründlich

κακός / ευγενικός

fickerig / langwielt

ενθουσιασμένος / βαριεστημένος

dick / dünn

παχύς / λεπτός

toeerst / toletzt

πρώτος / τελευταίος

Fründ / Fiend

φίλος / εχθρός

vull / leddig

γεμάτος / άδειος

hart / week

σκληρός / μαλακός

swoor / licht

βαρύς / ελαφρύς

Smacht / Döst

πείνα / δίψα

krank / gesund

άρρωστος / υγιής

nich na't Recht / na't Recht

παράνομος / νόμιμος

klook / dummerhaftig

έξυπνος / χαζός

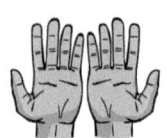

linkerhand / rechterhand

αριστερός / δεξιός

neeg / feern

κοντινός / μακρινός

nieg / bruukt

καινούριος / μεταχειρισμένος

nix / wat

τίποτα / κάτι

oolt / jung

γέρος | νέος

an / ut

αναμμένος / σβηστός

apen / slaten

ανοιχτός / κλειστός

lies / luut

χαμηλόφωνος / μεγαλόφωνος

riek / arm

πλούσιος / φτωχός

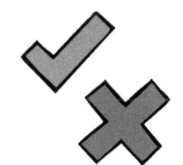

richtig / verkehrt

σωστός / λανθασμένος

ruug / glatt

τραχύς / λείος

trurig / glücklich

λυπημένος / χαρούμενος

kort / lang

κοντός / μακρύς

suutje / flink

αργός / γρήγορος

natt / dröög

υγρός / στεγνός

warm / köhl

ζεστός / δροσερός

Krieg / Freden

πόλεμος / ειρήνη

0

null
μηδέν

1

een
ένα

2

twee
δύο

3

dree
τρία

4

veer
τέσσερα

5

fief
πέντε

6

söss
έξι

7

söven
εφτά

8

acht
οκτώ

9

negen
εννιά

10

teihn
δέκα

11

ölven
έντεκα

12

twölf
δώδεκα

13

dörteihn
δεκατρία

14

veerteihn
δεκατέσσερα

15

föffteihn
δεκαπέντε

16

sössteihn
δεκαέξι

17

söventeihn
δεκαεφτά

18

achtteihn
δεκαοκτώ

19

negenteihn
δεκαεννέα

20

twintig
είκοσι

100

hunnert
εκατό

1.000

dusend
χίλια

1.000.000

million
εκατομμύριο

Tallen - αριθμοί

Engelsch

Αγγλικά

Amerikaansch Engelsch

Αμερικάνικα Αγγλικά

Chineesch Mandarin

Μανδαρίνικα Κινέζικα

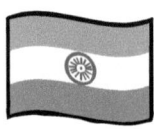

Hindi

Χίντι

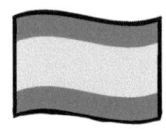

Spaansch

Ισπανικά

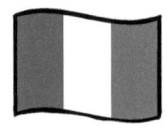

Franzöösch

Γαλλικά

Araabsch

Αραβικά

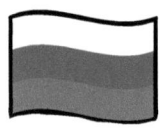

Rusch

Ρώσικα

Portugiesch

Πορτογαλικά

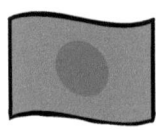

Bengaalsch

Μπενγκάλι

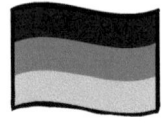

Düütsch

Γερμανικά

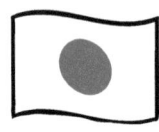

Japaansch

Ιαπωνικά

ik

εγώ

du

εσύ

he / se / dat

αυτός / αυτή / αυτό

wi

εμείς

ji

εσείς

se

αυτοί / αυτές / αυτά

keen?

ποιος / ποια / ποιο;

wat?

τι;

woans?

πώς;

woneem?

πού;

wannehr?

πότε;

Naam

όνομα

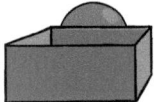

achter

πίσω

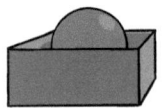

in

μέσα

vör

μπροστά

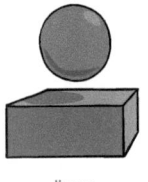

över

πάνω από

op

πάνω

ünner

κάτω

blangen

δίπλα

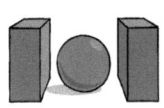

twüschen

ανάμεσα

Oort

μέρος